FOCA INVESTIGACIÓN
191

Diseño interior y cubierta: RAG

Reservados todos los derechos.
De acuerdo a lo dispuesto en el art. 270
del Código Penal, podrán ser castigados con penas de multa
y privación de libertad quienes sin la preceptiva autorización
reproduzcan, plagien, distribuyan o comuniquen públicamente,
en todo o en parte, una obra literaria, artística o científica,
fijada en cualquier tipo de soporte.

© Ángel Cappa y Marcos Roitman, 2022

© de los prólogos, César Menotti y Vanessa Pérez Gordillo, 2022

© del epílogo, Vicente Romero, 2022

© Ediciones Akal, S. A., 2022
Sector Foresta, 1
28760 Tres Cantos
Madrid - España
Tel.: 918 061 996
Fax: 918 044 028
www.akal.com

ISBN: 978-84-16842-74-2
Depósito legal: M-11.194-2022

Impreso en España

Ángel Cappa y Marcos Roitman

Fútbol y política
Conversaciones desde la izquierda

Prólogos de
César Menotti y Vanessa Pérez Gordillo

Epílogo de
Vicente Romero

La concepción capitalista del deporte es fundamentalmente distinta de la que debería existir en un país subdesarrollado. El político africano no debe preocuparse por formar deportistas, sino hombres conscientes que, además, sean deportistas. Si el deporte no se integra a la vida nacional, es decir, a la construcción nacional, si se forman deportistas nacionales y no hombres conscientes, pronto se contemplará la podredumbre del deporte por el profesionalismo, el comercialismo.

Frantz Fanon, *Los condenados de la tierra*

INVITADOS DE EXCEPCIÓN I
La música del fútbol

Yo vivía en Fisherton, Rosario, en una casa que estaba al lado de una cancha de fútbol. Un día estaba sentado –siendo yo un pibe– con amigos míos detrás de uno de los arcos, cuando apareció mi viejo con algo debajo de un brazo. Yo lo vi venir y pensé que me iba a retar por alguna travesura que habría hecho. De pronto dejó caer la pelota flamante que llevaba y de sobre pique, a unos 40 metros, la puso en medio de todos nosotros. Era un regalo que nos hacía. Nada menos que una pelota nueva.

Ese gesto de mi papá (que le gustaba mucho el fútbol y jugaba bastante bien) es una de las emociones más grandes que sentí en mi vida. Más todavía que el gol que le hice a Boca el día que debuté en primera división, en Rosario Central.

Es que la pelota de fútbol ocupa un lugar muy importante en la vida de todos nosotros. Es un símbolo de nuestra identidad cultural, como el bandoneón o la guitarra criolla.

Era el nexo que nos permitía unirnos, identificarnos y más adelante relacionarnos con la gente. La pelota era, en definitiva, la que nos daba el sentido de pertenencia, que considero tan importante.

Por eso cuando jugábamos al fútbol, de pibes, representábamos a los amigos, al barrio. Después, ya de profesionales, esa representatividad era más amplia, pero seguíamos sabiendo para quién jugábamos. Permanecía esa relación pelota-jugadores-gente.

La pelota, según sentía yo, producía cierta musicalidad a raíz de esa relación, que iba del jugador a la gente y de la gente al jugador. Era, entonces, imprescindible en todos los barrios. A la que había que tratar con delicadeza, hasta con cariño diría, por lo que significaba para todos nosotros.

EL NEGOCIO NO SABE DE ROMANTICISMOS

Ese romance de todos los barrios con la pelota, que generaba un fuerte sentido de pertenencia, se interrumpió cuando el negocio se apoderó del juego y le cambió el sentido.

Así como la música popular, en Argentina, pasó de los grandes intérpretes como Pugliese o Troilo a otros superficiales, sin calidad musical alguna, ajenos a los sentimientos profundos y verdaderos, el fútbol le fue arrebatado a la gente a quien pertenece. El negocio desvirtuó su significado. Le transfirió sus valores empresariales y lo convirtió en una mercancía más.

En otras palabras, ocurrió una severa desculturización. Aquella música que iba de la cancha a las tribunas y bajaba en cantitos de alegría, se convirtió en gritos de lucha reclamando coraje físico. Donde antes era el festejo del talento, la habilidad y la creatividad, ahora es la exigencia del «huevo... huevo». Del «qué baile que le dimos» al «hay que ganar como sea».

Yo hablo del fútbol argentino. No tengo por qué hablar de los futbolistas europeos. Quiero decir que nuestros futbolistas eran representantes del talento, la habilidad, el buen juego. Representantes de una cultura futbolística que nos distinguía, de un estilo que nos diferenciaba. Por eso los clubes europeos se llevaban a los futbolistas que mejor representaban ese estilo: Sívori, Angelillo, Maschio. Di Stéfano, que, si bien tuvo mayor repercusión en el Real Madrid, pertenecía culturalmente a la máquina de River. Se formó en ese ambiente con Moreno, con Pedernera, con Pipo Rossi. Con Peucelle, que ya era entrenador y que él consideraba un maestro.

Eso es lo que me desanima, o mejor dicho, me entristece, la destrucción que se ha llevado a cabo de nuestra cultura futbolística, musical..., en general, de nuestra cultura.

Que los jóvenes actuales no sepan quién es Pugliese, quién es Troilo o quién fue Moreno, o Sastre, que nos formaron nuestro gusto y nuestro conocimiento, es lamentable.

Cuando era joven, yo sabía quién era Gardel, por ejemplo, y otros artistas fundamentales de nuestra cultura. Como así también los grandes jugadores de épocas anteriores que nos habían dejado una herencia tan valiosa.

Cuando el mundo de los negocios se apodera de la cultura, empieza la desaparición de las grandes orquestas de tango. El bandoneón se va del barrio... y la pelota también se va del barrio. Ya está en los escritorios.

El fútbol deja, culturalmente, de representar al barrio.

Fútbol sin ilusión

Para nosotros la pelota sigue siendo un elemento para la ilusión. Pero somos minoría. La mayoría hoy en día no le da ese valor, porque entiende el fútbol desde el negocio, no desde la ilusión.

Esa relación, que yo llamo musical, entre la pelota, el jugador y la gente ya no existe. Confieso que a mí me duele el corazón cuando veo que esa música ya no suena.

Cuando veo jugar a esos equipos que no hacen que suene esa música, que no les interesa, me pongo mal. Me pone mal, pero es una realidad.

Si bien es cierto que todavía hay equipos que generan ilusión, la tendencia actual no es esa. En Argentina cuesta mucho encontrar un equipo que ilusione.

Yo sigo soñando con eso. A mí nadie me va a negar que la pelota tiene que ver con el barrio, con la cultura popular.

Sí, la pelota era un entretenimiento, pero para mí era más que eso. Esa relación entre la pelota, el jugador y la gente, de la que hablo, era un estilo de vida. A mí no me van a quitar nunca del sentimiento el fútbol del barrio, el significado cultural de ese fútbol que nos cambiaron.

Cada cultura un estilo

Me ha tocado convivir –de distinta manera– con grandes futbolistas como Pedernera, Pelé, Cruyff... y cada uno de ellos representaba, cuando jugaban, una cultura diferente. Cada uno con su manera de jugar, a pesar de las similitudes que los unía. Cada uno representaba un modo de ser futbolista. A mí me emociona cuando veo autenticidad cultural en algún jugador. Eso se advierte en los mínimos detalles, la forma de dar un pase, por ejemplo, de controlar la pelota o de resolver una jugada.

En cambio, lo que hoy predomina es otra cosa. Los jugadores se forman con la consigna de que hay que ganar como sea, sin respeto por la pelota ni por el juego. Sin estilo. Todo es rápido. Todo es vertiginoso. En definitiva, es lo que impone el negocio.

Me hubiera gustado ser poeta o filósofo para poder describir esa relación musical que había entre la pelota, el jugador y la gente que se ha perdido. Para colmo, por la pandemia, por este maldito virus, no ha habido gente en los estadios. Y, en consecuencia, otra situación inédita que desvirtúa el fútbol, al menos como yo lo concibo.

A MODO DE CONCLUSIÓN

Por mi parte, voy a seguir peleando para recuperar todo lo que el negocio nos arrebató: la pelota, el barrio, nuestros valores culturales que nos daban identidad.

Para recuperar el amor al juego que formaba parte del amor al barrio, a los amigos, a nuestra música.

Ahora me parece que hay más sordos y no escuchan ni quieren escuchar.

El amor al fútbol implica el respeto por el juego, por la herencia recibida, por la gente.

Se jugaba por la alegría, ya que el fútbol sin alegría no es nada.

CÉSAR MENOTTI

INVITADOS DE EXCEPCIÓN II
Pintar la cancha con la belleza del juego

Nunca hablo de fútbol, porque ni veo los partidos ni soy fan de ningún equipo, de modo que son escasas las ocasiones en las que tengo algo que decir. Además, mi experiencia con él es finita. Tuve unos compañeros de colegio cuyas almas delanteras me asignaron la defensa de la portería durante algún tiempo, responsabilidad que asumí estoicamente a pesar de ser mejor defensora de mis gafas que de la portería cada vez que la pelota se aproximaba. Por otra parte, tengo un padre que no se pierde un partido y un compañero del que aprendí a valorar la parte popular de este juego mientras pateábamos América Latina. Ahora, Marcos y Ángel me han pedido este prólogo para su último libro: *Fútbol y política. Conversaciones desde la izquierda*. ¡Tiene pelotas la cosa!

Soy de las que piensan que este juego de equipo desde hace rato ha sido secuestrado por la lógica del capital. Sin embargo, frente a la mercantilización, la naturaleza del fútbol impone resistencias. Hace algunos años, caminando por la periferia de la ciudad de Tacuarembó en el interior de Uruguay, unos muchachos golpeaban la pelota en un predio de tierra y barro. Fue inevitable detener el paso y observar sus movimientos rápidos y ligeros, cortos y eficaces. De aquel espectáculo de pies descalzos rezumaba alegría y libertad en uno de los sectores más populares de la ciudad. En tierras latinoamericanas, como en casi todos los sectores populares, este no es un episodio extraordinario. La misma pasión y júbilo brotaban de los niños y adolescentes lustrabotas de la terminal de buses de la ciudad de Asunción en Paraguay cuando se tomaron un descanso para recrearse con el balón. En Veranópolis, en el sur del Brasil, donde el Movimiento Sin Tierra tiene una escuela en la que forma a cientos de jóvenes de familias campesinas y trabajadoras, cualquier momento es bueno para pintar la cancha con la belleza del juego. Lo popular también sabe de fútbol femenino. En las tierras afrocolombianas de Alsacia, en el Cauca, las mujeres bailan la pelota con destreza. En Cochabamba, las cholitas conservan su identidad indígena y campesina jugando con sus polleras, largas y pesadas faldas típicas, que pareciera ser el secreto de su arrojo y bravura. Ese es el fútbol poético al que se refería Pasolini y que nos recuerda Cappa. Posiblemente es allí, el lugar en el que las canchas de fútbol se improvisan y no se riegan con aspersores, donde haya visto los mejores valores de este juego y me haya permitido la sospecha de que quizá el fútbol se hizo tan popular por algo que hemos olvidado.

La amnesia que experimenta la humanidad no es fortuita, ni en esta ni en otras cuestiones, sino resultado de un sistema estructural viciado desde sus orígenes que fomenta y perpetúa el desprecio a la memoria. El capitalismo que nos engloba y educa es como Leteo, uno de los ríos del Hades; beber de sus aguas nos provoca un olvido completo. Sócrates dedicó su vida a la práctica mayéutica, es decir, a ayudarnos a recordar. Amigo del conocimiento, allá donde iba preguntaba *qué es* esto o aquello. Al principio, todos simpatizaban con él, pero a medida que las respuestas no satisfacían al filósofo y seguía preguntando, las personas se empezaron a incomodar. Testimonio de ello son los diálogos del discípulo Platón, gracias al cual conocemos parte de esta historia, ya que Sócrates, quien formaba parte de la resistencia contra el olvido, nunca escribió palabra alguna.

En las líneas de este libro se rescata la práctica mayéutica en un emocionante diálogo que viene a recordarnos qué es el fútbol. Pero no sólo nos lo recuerda, también ahonda en cuáles son los vericuetos que han posibilitado la transformación de este juego en una mercancía inflamable que ha hecho engordar la economía para bien de las clases dominantes, y a la ética explotar en mil pedazos para mal de los pueblos. El ejercicio literario del diálogo pone en juego la praxis política. Y esta obra nos pone a repensar la propia política. Por eso *Fútbol y política* comienza sin circunloquios, apuntando directamente al corazón de la portería:

> ÁNGEL: Una de las características de la izquierda histórica ha sido su oposición al capitalismo [...] ¿Esa característica se mantiene actualmente en la izquierda?
> MARCOS: La respuesta es sí. Pero hay quienes se autodefinen de izquierda asumiendo como horizonte un capitalismo de rostro humano [...]
> ÁNGEL: Marcos, entonces habría que concluir que hay movimientos, grupos o partidos políticos que se dicen de izquierda, pero no lo son.
> MARCOS: Efectivamente. [...]

Con ese «efectivamente», los autores marcan el tono de un libro que invita a la reflexión y al conocimiento, y que, además, articula pies y tecnología, juego y consumo, derecho y libertad, para abordar el capitalismo no sólo como un sistema económico, sino como un modo de vida donde los valores más hermosos de la humanidad no tienen cabida. Rescatar de las fauces imperialistas el fútbol y la política para hablar de *polis*, de práctica colectiva, de participación ciudadana, de vida digna, y traer a la memoria aquello que durante el 15M exclamamos: «nosotros no somos antisistema, el sistema es antinosotros». Con ese «efectivamente», también develan la mentira de la sociedad del bienestar y consumo que alimenta el individualismo, incluso en aquellos espacios, como en el fútbol, donde es fundamental el trabajo en equipo. Frente a la tecnocracia del fútbol de la que habla Eduardo Galeano, la fiesta del fútbol que relata Ángel Cappa, esa que bulle de manera poética en los barrios del Sur Global donde los ojeadores contratan a las promesas de los equipos del fútbol prosaico y europeo. Es el nuevo colonialismo del despojo, arrebatar a los equipos de los países del Sur los mejores jugadores para exprimir y concentrar el fútbol-espectáculo en la cumbre del Norte Global. Un Norte que abraza la libertad positiva individual de ese *Yo* arrogante que le muestra al mundo que sacrificándote lo suficiente puedes ser el próximo mejor jugador, olvidando que el fútbol forma parte de algo mayor, de un *Nosotros*, donde no vale ganar de cualquier manera.

La lógica neoliberal que se extiende por la sociedad, como dice Marcos Roitman en el capítulo «Tarjeta roja al capitalismo», «actúa bajo un mismo principio: "sálvese quien pueda, pero yo el primero". Mucho egoísmo y doble moral». Cabe preguntarse qué alimenta esta actitud esperpéntica. Simone Weil en *La gravedad y la gracia* afirma: «aunque pudiéramos ser como Dios, más valdría formar parte del barro que le obedece»; sin embargo, la humanidad no es ajena a esa ambición liberal que en la actualidad es promovida por la industria de la felicidad, moldeando multitud de subjetividades que quedan, como el hámster en la rueda, dando vueltas eternamente, porque desde la condición mortal siempre, como es obvio, se puede ser más dios.

¿Quién puede resistirse al poder de lo bello? Lo bello, lo bueno, nos expone, nos deja sin palabras y sólo podemos aplaudirlo, aunque a veces lo hagamos en silencio. El fútbol-espectáculo hace tiempo que prescindió de la belleza para transformarse en un gran negocio que anestesia a las masas inoculándolas la hegemonía cultural que desacredita lo popular para ensalzar el elitismo de las clases opresoras.

El fútbol, como la vida y la política, se mediatiza con la penetración de *las tecnologías del Yo* que profundizan el despojo. María Cappa pone el ejemplo de una herramienta creada por la empresa Mediapro, que goza de la exclusividad de los derechos televisivos de la Liga española. A esta herramienta de análisis de movimiento «para conocer mejor a tu equipo y al rival» le han puesto el nombre de Mediacoach. Las nuevas tecnologías al servicio del capital nos sacan del valor del juego para valorizar el resultado. Ganar es lo importante. Esa cultura del éxito sobrepasa el fútbol. Al servicio de ella se crean técnicas como el pensamiento positivo del «sí se puede» y la cultura del *coaching*. Herramientas que amenazan con globalizarse y encerrarnos para siempre en el infierno de lo igual, como podemos ver en la película *Anomalisa*. Digo «amenazan» para dejar paso a la esperanza, pero la realidad es que existe una necesidad imperiosa de que nos digan qué hacer, cómo comportarnos y qué cambiar en nuestra cotidianidad para convertirnos en personas admiradas y envidiadas por exitosas y felices.

En el capítulo «El balón tiene la palabra», se da un intercambio muy interesante, donde Ángel afirma que no está de acuerdo con la presencia de un psicólogo en el cuerpo técnico, del mismo modo que no está de acuerdo en que haya un dentista. Reconoce que cada uno tiene un papel y que, si se tiene un problema o un dolor de muelas, son necesarios los especialistas y hay que acudir a ellos. La tecnocracia viene a disgregar disciplinas, nos pide que dejemos una parte afuera, que nos limitemos a realizar nuestro trabajo, porque lo que busca es la rentabilidad. De esa forma, nos entrenan para prescindir de la parte *humana, demasiado humana* que mira al otro, lo comprende y lo ayuda. Un entrenador es un todo. Del mismo modo que un maestro en la escuela cuando enseña matemáticas educa en valores con su actitud y modo de relacionarse, un entrenador en su quehacer maneja los afectos, lo ético y lo humano. Sin embargo, hoy lo emocional ha sido atesorado para convertirlo en un pack de consumo muy peligroso que se entrena y amenaza el conocimiento y la memoria. Globalizar la idea y la práctica de que el entrenador deportivo sólo maneja el aspecto físico, técnico y táctico, y ya vendrá un profesional de las emociones a complementar el vacío que la tecnocracia impone, de alguna manera desprovee lo cotidiano de la ternura y la comunidad.

Ajenos al mar de desigualdades que nos rodea y aumenta año tras año desde la crisis sistémica iniciada en 2008, el modelo del asesoramiento viene para quedarse, porque mayoritariamente se ha aceptado el engaño de que en la jungla del capital se puede tener éxito y ser feliz si te sacrificas lo suficiente y piensas en positivo. Sus ideólogos dicen que será en poco tiempo cultura global. Razones les sobran; las nuevas tecnologías han irradiado con efectividad pasmosa esta cultura. El *influencer*, el *mentoring*, el *coa-*

ching son, entre otros, los educadores del siglo del *big data* y la sonrisa virtual.

El fútbol, la política y la izquierda no quedan al margen de este escenario, y abrazan estas herramientas neoliberales para progresar y adaptarse a los tiempos del capitalismo digital acelerados por la covid-19, alimentando una subjetividad al servicio de los intereses del mercado, más preocupada por el resultado que por cuidar la forma de llegar a él. El siglo XX, aun a pesar de declarar la muerte de Dios, nos enseñó que no todo vale. En el siglo XXI miles de decenas de nuevas generaciones lo desconocen; recordárselo es nuestra tarea y responsabilidad. Por eso la necesidad de este libro, para ayudar a recordar que el fútbol y la política son un *Nosotros* que nos pertenece.

Vanessa Pérez Gordillo

PRESENTACIÓN DE LOS JUGADORES

Vivimos un mundo en transición. El capitalismo se reinventa sobre la muerte y la desigualdad en nombre de la libertad de mercado. La pandemia pone de manifiesto el egoísmo sobre el cual opera la lógica de la oferta y la demanda. Los países del primer mundo acaparan las vacunas, protegen sus laboratorios y las empresas farmacéuticas obtienen beneficios obscenos. Eso sí, el dinero para la investigación lo ponen los Estados. Beneficios privados con dinero público.

A la muerte por la covid-19 se suman las pandemias que se extienden por el mundo: la obesidad, la desnutrición, el cambio climático. El planeta está en peligro, y así nos va. Por otro lado, el capitalismo analógico se extingue a pasos agigantados. Las tecnologías del *big data*, la cibernética y la informática son una realidad. Los algoritmos toman el poder. Baste ver cómo se aplican en el fútbol, desde el VAR hasta los cientos de datos sobre los kilómetros recorridos por los jugadores, los saques de banda, los fuera de juego, en fin, la banalización del juego. De eso se dialoga en estas conversaciones.

¿Y qué sucede con la política y los partidos políticos? Pregunta que se aborda desde la izquierda, partiendo de los cambios que ha sufrido el capitalismo en su vertiente neoliberal. Una deriva preocupante. La política se ha visto empobrecida ideológicamente en pro de un pragmatismo ramplón. Ganar elecciones sin principios es la contraparte de jugar mal al fútbol, ser resultadista. Partido a partido y elección a elección. No importa mentir, engañar, se trata de ganar, el cómo es lo de menos. Mensajes cortos, frases grandilocuentes. Así la política queda en manos de las agencias de publicidad, asesores de imágenes, y los políticos se trasforman en productos que consumir en el mercado electoral. El insulto, la descalificación sustituyen a la pedagogía política.

Al igual que el fútbol se corrompe, la política se ha emponzoñado. En la actualidad, habla el lenguaje del dinero, del gran capital, de la oferta y la demanda. Degradada, en su interior anidan un sinnúmero de personajes sin moral, ética ni principios. Ellos negocian espacios de poder para conseguir prebendas. Los escándalos por sobresueldos, cohecho, malversación de caudales públicos, enriquecimiento indebido, evasión de impuestos, se han generalizado. Si nos remitimos a España, la Unión Europea y América Latina, los ejemplos se multiplican. El rey emérito y sus cuentas en Suiza, la financiación ilegal del Partido Popular, el cobro del 3 por 100 de la familia Puyol en Cataluña. El pago en dinero negro, el fraude fiscal. Las puertas giratorias, entre la política y las compañías trasnacionales, convierten a expresidentes en meretrices a sueldo del gran capital. Pero no olvidemos los plagios, los falsos currículos.

Doble moral y abuso de poder. Así, suma y sigue. Comportamientos indignos. No importan las siglas, parece ser que la política está impregnada del virus del neoliberalismo. Lo público se privatiza. Baste ver cómo se han saltado los turnos de vacunación ministros, alcaldes, concejales, militares y obispos.

Esos, los adjetivados como la *gente* o el *pueblo*, son votos por contabilizar. La ciudadanía se disuelve en el mercado. La consecuencia inmediata es la desafección política. Quienes participan se sienten agredidos y emerge esa frase tan manida: votar de lo malo lo menos malo. Los índices de abstención se acrecientan. La llamada clase política, casta o elite en el poder recibe su desaprobación en las encuestas (aprobar es todo un triunfo).

Lo mismo que en el fútbol la compra de partidos por dirigentes, se pueden comprar políticos para negociar leyes, subvenciones o recalificar terrenos. La corrupción se extiende. La pérdida de credibilidad es aprovechada por la derecha para renegar de los valores democráticos, si alguna vez los profesaron, y abrazarse al fascismo. No hay extrema derecha y derecha, cuando ven peligrar sus intereses actúan al unísono. De eso hablamos en estos diálogos.

Despolitización, desmovilización y control bajo el poder de la posverdad, la mentira y el miedo. Así, la política se reduce a ley y orden. Gestión y administración. La sociedad de mercado y la economía de mercado transforman los partidos en gestores del capital. Sus dirigentes tienen las manos atadas y obedecen los mandatos del Fondo Monetario Internacional, el Banco Mundial, la Troika o las agencias de calificación dependientes del capital financiero. La necropolítica se hace realidad. ¿Qué otro significado tiene la privatización de los servicios esenciales?

La luz, el agua, la sanidad, la educación, las pensiones, acaban en manos de empresas privadas, entidades financieras o fondos buitres, como el fútbol. La actividad política y los políticos se refundan en el neoliberalismo. En definitiva, todo parece tener un precio. Desde una cama de hospital, un colegio público, una pensión de jubilación, una vivienda social, hasta una red de carreteras. De esta forma, la vida, la muerte, la salud, la enfermedad, se convierten en mercancía. La política del neoliberalismo acaba siendo lo que hacen los políticos, desconectados de la ciudadanía, cada vez más deslegitimados.

Pero nosotros hablamos de la política como parte de la ciudadanía plena. Una ilusión, una forma de compromiso con los demás. Por ello, decimos que debe recuperarse de las manos del neoliberalismo. Y eso es posible desde una propuesta de izquierda anticapitalista. De eso conversamos, y le trasladamos nuestras visiones de la política y el fútbol.

Hoy el planeta vive una encrucijada. Sin pensar en el bien común, la vida se degrada y deshumaniza. Por ello nuestras preguntas no sólo son nuestras; el premio de Ciencias Sociales Príncipe de Asturias de 2020, Michael Sandel, sintetiza el problema cuando subraya que «la cuestión de los mercados termina siendo en realidad la cuestión de cómo queremos vivir juntos: ¿queremos una sociedad donde todo esté en venta? ¿O existen determinados bienes morales y cívicos que los mercados no honran y el dinero no puede comprar?».

Es en el fútbol donde se puede ver este derrotero. Así, abordamos el problema entre fútbol y política. Repetimos, el capitalismo arrasa con todo. Todo lo mercantiliza y convierte en algo para comprar y vender. Se apropia de los bienes comunes, los privatiza, les da otro significado y los introduce en el mercado para el mejor postor. El capitalismo no respeta nada que no sirva para ganar dinero. No repara ni en las personas ni en el planeta. Ni en los sentimientos, por supuesto.

El fútbol es un juego que primero se siente y después se piensa. Un sentimiento que nació y nace en las clases populares. Era una fiesta de los pueblos, que las clases dominantes miraban con desprecio o en todo caso con indiferencia. Hasta que descubrieron la posibilidad de un negocio grandioso, universal, infinito.

Entonces no dudaron. Atropellaron los sentimientos de los hinchas, le cambiaron el significado y lo pusieron en el escaparate irrespetuoso, donde van a parar todas las cosas que utilizan para aumentar sus riquezas.

«Esto es un negocio», dijo, por si hacía falta, Enrique Cerezo, presidente del Atlético de Madrid, «y hay que dejarse de romanticismos». Es que ser romántico, según la interpretación que ellos le dan, es ser algo así como antiguo, inútil y hasta estúpido. La realidad de la vida, de acuerdo con este criterio mercantil, es el negocio. Todo lo demás queda fuera de esa realidad, no tiene cabida, es utópico.

Antes de que el capitalismo lo contaminara, el fútbol atraía y enamoraba por el juego, que tenía un significado enaltecedor. El resultado, en realidad, era la mejor excusa para jugar. Después, ahora, sólo vale el resultado. O mejor dicho, sólo vale ganar, sólo vale el que gana.

El juego nos acercaba a la belleza, tan necesaria en la sociedad y en el fútbol como la eficacia. Pero, como advirtió hace tiempo Antonio Gala, «toda referencia a la belleza en nuestra sociedad produce risa, salvo que sea rentable».

Resulta que, curiosamente, la belleza en el fútbol es rentable, si entendemos por bello jugar bien. Pero, como la transferencia de valores empresariales al fútbol produjo un desbarajuste de conceptos, hoy no todo el mundo sabe qué es jugar bien. Entonces se concluye que jugar bien es ganar y se da por cerrada la discusión. De ahí que no sean pocos los «mendigos» que, como Eduardo Galeano, andan por el mundo pidiendo «una buena jugadita, por el amor de Dios».

Como el fútbol es también política y no está a salvo de la depredación programada del capitalismo, ocupa un lugar importante en las conversaciones que forman este libro. Además, estamos convencidos de que recuperar el fútbol, como otro bien común que nos fue robado, es también una tarea que debemos llevar a cabo.

No quisiéramos concluir la presentación sin agradecer a nuestros invitados de excepción. Nos referimos a César Luis Menotti, Vanessa Pérez Gordillo, Vicente Romero y María Cappa, cuyo diálogo sobre el fútbol femenino enriqueció nuestro hablar en común. Pero también queremos agradecer a tres amigos, quienes dedicaron su tiempo a la lectura y contribuyeron a mejorar nuestro juego; nos referimos a Raúl de Voces en Lucha, Juan Manuel Zarco Borrego y Victoriano Jaramillo Núñez. A todos nos une la pasión por el fútbol y la política.

Ángel Cappa y Marcos Roitman Rosenmann

CAPÍTULO I
La izquierda entra en juego

Ángel: Una de las características de la izquierda histórica ha sido su oposición al capitalismo. Es decir, ser de izquierda era sinónimo de ser anticapitalista, entre otras muchas cosas; era combatir el capitalismo planteando la posibilidad de una sociedad diferente; llamémosla socialismo, comunismo. Pero sobre todo esa era la característica, ser anticapitalista. Yo te pregunto: ¿esa característica se mantiene actualmente en la izquierda?
Marcos: La respuesta es sí. Pero hay quienes se autodefinen de izquierda asumiendo como horizonte un capitalismo de rostro humano. Pero la izquierda, por definición, lucha contra la explotación, la deshumanización, por una vida digna, y estas luchas sólo son compatibles con el socialismo. Por eso es anticapitalista. El capitalismo representa la explotación del ser humano por el ser humano, en todas sus dimensiones.
Ángel: Marcos, entonces habría que concluir que hay movimientos, grupos o partidos políticos que se dicen de izquierda, pero no lo son.
Marcos: Efectivamente. El problema se traslada al lenguaje, donde surge una guerra por apropiarse de la definición. Adueñarse de las palabras, del discurso, y de esa manera desacreditar a quienes buscan romper con el capitalismo, tildándolos de antisistema, de subversivos. Es decir, descalificándolos. Y, por otro lado, imponer su propia visión, hacerla hegemónica, utilizando a sus ideólogos, medios de comunicación social y ahora tertulianos. En la confusión, ganan. Cuando alguien nos dice «yo soy de izquierdas, pero no soy anticapitalista», resulta de lo más natural; pocos le contradicen. Cuando uno debería de decir, no, usted podrá ser socialdemócrata, sociliberal, progresista, pero

usted no va a ser nunca de izquierdas. Tendrá sensibilidad social, se conmueve ante la pobreza, la desigualdad o el hambre, pero no quiere eliminar sus causas, sino solamente hacer menos dramática su existencia. O sea, si veo a alguien que pide limosna me acongojo y le dejo un billete de cinco euros. El acto me puede hacer sentir muy bien, pero no por ello soy de izquierdas. Eso es caridad.

Ángel: Hablando de izquierda, ¿es lo mismo el concepto de izquierda o los que hacen política de izquierda en Europa que en América Latina?

Marcos: Si te refieres a la socialdemocracia, que se dice hace políticas de izquierdas, diría que tiene una trayectoria diferente. En Europa, los orígenes de la socialdemocracia están inmersos en una crítica al liberalismo, a las formas lacerantes de la pobreza, una desigualdad galopante. Su proyecto busca transformar y limar las aristas del capitalismo. Posibilitar una redistribución de la renta, hacer un capitalismo inclusivo, sobre todo después de la Segunda Guerra Mundial. Fue su momento álgido. Recordemos que el capitalismo industrial en sus inicios no tuvo la mínima contemplación. Explotó sin misericordia, niños, hombres, mujeres, con horarios de trabajo de 12, 14 o 16 horas. Y, aunque combatió el comercio de esclavos, mantuvo el sistema esclavista. La socialdemocracia ha sido la cara amable del capitalismo en su lucha contra el socialismo. El desarrollo de una sociedad de consumo de masas y la necesidad de una redistribución del pastel, del cual participen marginalmente las clases trabajadoras, se dan tardíamente, en los años cincuenta del siglo xx. Y el agente impulsor fue la socialdemocracia. Con este proyecto se refunda la Internacional Socialista en Europa occidental. Eso mejoró en Occidente las condiciones de vida de las clases trabajadoras, y se ampliaron, con la firma de la Carta Social Europea en 1965, es decir, ayer mismo, los derechos civiles, políticos, económicos, sociales y culturales. Eso dio alas a la socialdemocracia, pero duró poco, hasta la crisis de los años setenta del siglo pasado. Allí tomaron su lugar la nueva derecha y el neoliberalismo salvaje. La socialdemocracia europea terminó sucumbiendo a los encantos de este último y perdió su identidad, hasta hoy.

ÁNGEL: Bueno, y América Latina.

MARCOS: En América Latina, la cosa es diferente. La plutocracia explota sin contemplaciones a las clases trabajadoras, no tiene límites ni presenta ningún rostro humano, no lo necesita. Para ellos, el país es su rancho y actúan en consecuencia. Matanzas, grupos paramilitares, asesinatos de dirigentes sindicales, medioambientalistas, periodistas, dirigentes juveniles de izquierda, y, si es necesario, recurren al golpe de Estado o llaman al amigo norteamericano. En esta lógica, la socialdemocracia no tiene espacio. Las contradicciones son abiertas, no hay mediaciones, la lucha es directamente anticapitalista, antiimperialista, popular y de liberación nacional. Todas las contradicciones en una. Como lo expresó Theotonio do Santos: fascismo o socialismo, ese es el dilema. Sin olvidar las luchas contra el patriarcado, el colonialismo interno y, hoy, las desigualdades digitales que se suman a las ya presentes. Por lo tanto, en Europa el capitalismo tuvo que abrir espacios de integración y cooptación, en América Latina el capitalismo no optó por la socialdemocracia, fue directamente a excluir. En América Latina el Estado del bienestar keynesiano es una quimera.

ÁNGEL: Marcos, también creo que hay un factor importante. Una cosa es el capitalismo dependiente en América Latina, y en Europa está el capitalismo dominante, digamos; porque además ese bienestar está sacado generalmente de la explotación de algunos países de América Latina.

MARCOS: Tienes toda la razón. Bien visto. No se puede entender el desarrollo de los países del primer mundo, y Europa occidental, sin entender el subdesarrollo de los países dependientes. Primero fue el capitalismo colonial de los siglos XVI al XIX, con el tráfico de esclavos, la expoliación del oro y la plata, junto con las materias primas. Azúcar, cacao, café. Recordar cómo se expande en Europa su consumo y cambian la dieta y los gustos de las nacientes burguesías esclavistas. Genocidio y etnocidio. Para los pueblos originarios fue la hecatombe poblacional. Los países ricos lo son porque explotan, dominan y controlan a Gobiernos cipayos. En el siglo XIX se consolidan el imperialismo y el capitalismo industrial, la unidad del capital financiero e industrial. Eran necesarias materias primas para acelerar la producción. Cobre, hierro, trigo, carne, salitre. Toda la industria de los países del capitalismo avanzado se ha hecho esquilmando las riquezas de los países del mal llamado tercer mundo. Hoy, con la revolución digital y los nuevos dispositivos, se apropian de metales raros, promueven golpes de Estado o guerras espurias para su control. Por eso el capitalismo no se puede explicar sin exponer sus consecuencias: miseria, hambre, explotación, corrupción y muerte. Ahora bien, el complejo militar, industrial y financiero es un todo y tiene un mismo objetivo: adueñarse del mundo, las personas y el planeta hasta llevarnos a la extinción. Los grandes capitalistas de uno y otro lado del Atlántico, se llamen Bill Gates, Carlos Slim o Amancio Ortega, dominan y explotan sin contemplación, aunque se autoproclamen mecenas y filántropos.

ÁNGEL: Me hiciste recordar una viñeta de Quino que decía «no es posible hacer pan sin hacer harina a los demás». Es el capitalismo. Quino también tenía ese tipo de cosas.

Bueno, te quería preguntar otra cosa. La izquierda, por lo menos en la época de los setenta sobre todo y antes también, en América Latina –yo supongo que acá en Europa también, no lo sé– tenía una característica que era el trabajo de base. Que no había tanta ambición por tomar el poder, sino más bien ir construyendo desde abajo. No era que desde arriba se iba a construir una sociedad distinta que iba a beneficiar a los de abajo, sino que eso era de abajo hacia arriba. Había un trabajo de base, había una movilización de las clases trabajadoras y populares con la esperanza de que esa clase forzara y llegara el momento de tomar el Gobierno, y de esa manera tomar el poder. Yo creo que no se sigue haciendo, pero te pregunto. Ese trabajo de base ¿se sigue haciendo en Europa y América Latina de parte de la izquierda o tiene otro propósito?

MARCOS: Eso nos llevaría a un concepto político de cómo se hace una revolución o cómo se hace una transformación social. ¿Para qué la militancia? ¿Para qué el partido de izquierdas? Ahí tenemos la experiencia zapatista, por ponerlo en la actualidad. Ellos dicen: «ayúdennos a desaparecer», «nada para nosotros, todo para todos». Eso implica que la manera de construir la lucha anticapitalista pasa por la militancia, lo que no pasa es por un partido de vanguardia, lo que no pasa es por ese concepto de un partido de cuadros con una estructura clandestina que es la experiencia que nos brindó la Revolución rusa o la Revolución china con la Larga Marcha y el Partido Comunista. Yo diría que eso sí ha cambiado, porque las condiciones del capitalismo también han cambiado, porque las formas de dominación y explotación también han cambiado, y, en ese sentido, lo que tú señalas, que sí me parece importante, es la capacidad de comprender que cuando hablamos de militancia política estamos hablando de conciencia, estamos hablando de organización, de proyecto, de programa. En definitiva, ¿cuál es el papel de la militancia política en la lucha anticapitalista? Creo que eso es lo que estamos señalando. Y el papel tiene que ser como ciudadanos responsables en el ámbito de dar a conocer los factores que implican la explotación del capitalismo. Otra cosa es el papel que uno pueda tener dentro de la organización o que le queramos dar desde el punto de vista de la toma del poder.

El poder no se puede tomar; cuando digo esto no quiero intelectualizar la respuesta, pero sí señalar que no se puede democratizar el poder. Pero podemos crear un poder democrático; son las formas democráticas las que hacen que el poder –que es un elemento de disciplina, de control, es un mandar obedeciendo– requiera de tomar posición, lo que en su momento se llamó centralismo democrático.

Para terminar la respuesta. Claro que es necesaria la militancia política, con formación en términos del conocimiento de la realidad, y eso sí que hoy no se da. Hoy lo que hay es una militancia, por las condiciones del capitalismo digital, muy *light*, en términos genéricos. Los propios partidos de la izquierda hoy señalan que tienen dos cosas: afiliados, suscritos o adeptos, y militantes, más bien poquitos, porque se construye de otra manera.

ÁNGEL: La militancia actual es militancia de la política electoralista, es decir, yo veo gente del PSOE o Podemos que dice que está militando, y efectivamente está militando, pero está militando yo diría en la superficie. Está militando en el sentido de juntar votos para las elecciones. Traigo el ejemplo de Allende. Allende estuvo no sé cuántos años militando, yendo pueblo por pueblo, con la gente, con los trabajadores. Lo suyo no era trabajar simplemente en la parte política para ser Gobierno mañana, sino que tardó muchísimo, y, cuando llegó al Gobierno, llegó con una amplísima militancia y un conocimiento absoluto de la clase trabajadora de Chile y las clases populares en general, ¿no? En cambio, ahora si vos ves los militantes de Podemos, ¿cuál es la raíz que tienen de militancia? Hace cuatro minutos que están y ya están en el Gobierno como si fuera un logro, y yo no veo que sea un logro llegar al Gobierno como llegaron. Un logro es el de Allende, que llevaba 20 o 30 años, vos me dirás, militando, y cuando llega lo hace con una base muy sólida y no porque se reúnen cuatro amigos, forman un partido político, van a los medios de comunicación y llegan al Gobierno, en ello no hay ninguna base. El PSOE sí tiene una militancia añeja, ahora totalmente tergiversada, pero que viene de mucho tiempo atrás.

La nueva izquierda, por llamarla de alguna manera, no tiene ese propósito de darle tiempo a esto, de empezar de abajo para llegar con una base sólida, para que no nos hagan así con los dedos y nos desplumen.

MARCOS: Tienes razón. En una sociedad de consumo, la política deja de ser una parte de la ciudadanía. La política se convierte en márketing electoral. La militancia se redefine en el mercado. Los proyectos se diluyen y los objetivos se redefinen, así también la militancia y sus objetivos. Hoy se trata de tener seguidores en la red. Ganar votos. La militancia pierde su significado. No se busca un militante conocedor de la historia de su país, de su partido, de las luchas sociales, de los triunfos y derrotas del movimiento obrero. La definición de militante se degrada a conseguir votos, utilizar Twitter o WhatsApp. Sin proyecto de futuro, sin alternativa, no hay militancia, sólo afiliados, inscritos y adeptos. Nuevamente traigo a colación al EZLN, los zapatistas en México. Mira, Ángel, ellos han aportado a la teoría y a la lucha política y han defendido una acción política militante. Parafraseándolos, dicen: «Nosotros, como sabemos adónde queremos llegar, tenemos que construir el camino y por eso vamos lentos. Sabemos qué nos guía, y para eso hay que ir despacito, punto por punto». Forjar y unir en el proyecto y en un programa, no en los votos. No se trata de tomar el poder, se trata de luchar contra la explotación capitalista, y para lograrlo hay que ir poco a poco, lentamente. Explicando, educando, forjando militancia para desarrollar la estrategia y sumar voluntades. En sentido contrario, cuando no hay proyecto ni programa ni estrategia y lo único que quieres es el poder, ¿para qué necesitas la militancia? Sólo quieres perritos falderos que te sigan.

ÁNGEL: Gobierno dirás, poder es otra cosa.

MARCOS: Efectivamente. Se trata de participar del reparto del pastel, de los beneficios que conlleva un cargo público, ser diputado, senador, concejal, alcalde o ministro. Bien es cierto que también los hay que han defendido un proyecto y eso les ha llevado al ostracismo o a ser criticados abiertamente. En España el caso de Julio Anguita, sin ir más lejos.

Los militantes de izquierda que tú has señalado, Ángel, no buscaban su beneficio personal, tenían personalidad, claro, pero no se sentían tocados por la varita de la meritocracia, tener doctorados o hablar tres idiomas. De ser así, es imposible entender a Lula, obrero metalúrgico, o a Evo Morales, un sindicalista cocalero. Ambos fueron presidentes y contaron con toda una historia de militancia. Otro caso puede ser, en Argentina, Eva Perón. En todos los países han sido claves para entender el avance de las luchas sociales y políticas. La comandante Ramona del EZLN.

ÁNGEL: Sin duda.

MARCOS: En América Latina podríamos seguir nombrando a dirigentes que contaron con el amor, cariño, respeto y reconocimiento de su pueblo. Fueron líderes, no caudillos. Lázaro Cárdenas en México, Fidel en Cuba, Salvador Allende en Chile, Juan Bosch en República Dominicana, Sandino en Nicaragua o Alfaro en Ecuador. Y en esto no hace falta ser socialista o comunista. Sus vidas expresan los deseos, esperanzas, sueños de una vida digna, condensan el sentido común de sus conciudadanos. Hoy emergen caudillos, secretarios generales y presidentes de organizaciones que exigen fidelidad total. Sea en el PP, el PSOE, Podemos o Izquierda Unida. Salvador Allende fue elegido candidato del Partido Socialista a las presidenciales de 1970, antes de ser el candidato de la Unidad Popular, con más de la mitad del comité ejecutivo absteniéndose. Un liderazgo no se construye con *lifting*, retoques estéticos o *photoshop*. Eso es un producto comercial. Esperanza Aguirre, Felipe González y muchos de los actuales dirigentes son sometidos a estrictas campañas publicitarias de sus asesores de imagen. La ropa que visten, los discursos. Se miente para crear un producto. Recordemos que a Felipe González le pintaron canas para agregarle años y no parecer un bisoño en política. En sentido contrario, a Esperanza Aguirre le quitaron años. Nadie se salva. Hasta los debates políticos están enmarcados en presentar, más que propuestas, objetos de deseo para el consumo electoral.

ÁNGEL: Retomando tu visión de los líderes que se diferencian de los caudillos, en Venezuela Hugo Chávez cabría en esa categoría.

MARCOS: Desde luego. Hugo Chávez no surgió de la nada, no fue un producto del márketing político, ni buscó protagonismo.

Su emergencia es parte de una propuesta, de un proyecto de una alternativa. Su liderazgo es fruto de muchos años de lucha, un reconocimiento colectivo a su entrega. Chávez encarna la historia de una nación, del proyecto de una patria grande, de los ideales de Simón Bolívar. Expresan el sentido común, una manera de entender la vida, de relacionarse cotidianamente. Pero también pueden existir sentidos comunes castradores, autoritarios o simplemente nacionalistas. Ernest Renan se preguntó, en un texto fundamental, *¿Qué es la nación?* Y respondió: un sentimiento, no es una religión, ni un territorio, ni una lengua. Así, los sentimientos de una nación, a costa de ser muy provocador, diría, son parte de una cosmovisión única de cada pueblo. Tal vez, si digo que Adolf Hitler encarnaba el sentido de los alemanes o Winston Churchill lo hacía en Gran Bretaña y Charles de Gaulle en Francia, no iría tan desencaminado.
ÁNGEL: Así es.
MARCOS: En estos sentimientos, tampoco es lo mismo ser imperio que ser colonia, ser país dominante y ser país dependiente. En España, los Reyes Católicos, Felipe II, Carlos III o incluso Juan Carlos I, el bonachón y campechano, se reivindican como parte de un sentimiento monárquico y españolista. El sentido común se construye colectivamente y se enseña; por eso se dice coloquialmente que los niños y los locos carecen de él.
ÁNGEL: Hace un ratito vos nombraste también la tarea de la izquierda que para mí es fundamental, entre otras cosas, la tarea cultural. La tarea cultural quiere decir la tarea de cambiar la idea de sociedad y los valores que nos transmite el capitalismo, lo que es bueno y lo que es malo si nos situamos en este momento, en esta etapa del capitalismo y neoliberalismo. Cambiar los conceptos, porque la derecha tiene siglos de experiencia. Yo creo que era Bertrand Russell quien preguntaba ¿cómo es posible que una minoría domine a una enorme mayoría?, ¿por qué razón? Él decía que precisamente por los medios de comunicación que transmitían la idea de sociedad, de patria, de libertad, de democracia que difundía esta minoría. Por tan-

to, la tarea cultural significa cambiar, rescatar esas palabras, lo dijeron Benedetti, Cortázar y muchísimos militantes intelectuales: «Vamos a defender las palabras». No es lo mismo democracia para nosotros que para la derecha, no es lo mismo libertad, no es lo mismo dignidad, no es lo mismo infinidad de palabras que crean nuestro modo de ser. También lo dijo, y yo lo aprendí en aquel momento, en los setenta, Héctor Schmucler en el prólogo de *Para leer al Pato Donald* de Ariel Dorfman y Armand Mattelart: no va a ser posible ningún cambio sin un cambio cultural, porque, si la gente que está haciendo el cambio tiene el concepto, la idea y los valores del capitalismo, no podemos hacer ningún cambio. ¿Cuál es la idea del capitalismo sobre todas las cosas? La idea es que vos tenés que salir adelante individualmente. ¿Cuál es el objetivo? Ser rico y famoso. Entonces, si yo tengo esa idea y no tengo para comer y peleo para comer con esa idea, termino, como decía Frantz Fanon, imitando al opresor que al mismo tiempo odio. Esa tarea, creo, es una tarea fundamental que tampoco veo que la izquierda la realice, al menos con el entusiasmo que sería necesario.

MARCOS: Lo que dices tiene miga. La cultura es el campo de batalla donde se crea la identidad y se proyectan los valores. El capitalismo lo sabe y por ello se toma tantas molestias en proyectar su visión del mundo en el cine, el teatro, la literatura, la pintura. Es decir, en todas las manifestaciones que hoy denominamos cultura en un sentido amplio. Pero hay uno en especial, el lenguaje, que cobra relevancia. ¿Cómo enunciamos el mundo? ¿Qué entendemos por libertad? Es la guerra por la palabra. Si yo no tengo palabras para enunciar el mundo o soy pobre en mi lenguaje, mi visión será débil y quebradiza. Parafraseando a Voltaire: si no tengo ideas propias, tendré que pensar con las ideas de otros. En ese sentido, las palabras nos vienen dadas y, como las cartas, pueden estar marcadas, son armas de destrucción masiva en nuestro cerebro. ¿Qué significa tener libertad, sentir amor, odio, ser demócrata? El capitalismo se adueña de las palabras, las retuerce, las manipula, les da un significado y es muy difícil luchar contra ello, pero esa es la tarea. Redefinir el mundo. Disputar los significados de las palabras. Mira, Ángel, un ejemplo: las palabras *matrimonio* o *madre*. En el primer caso, la definición sólo se refería a unión de un hombre y una mujer. Pero los movimientos LGTB señalan que no responde a la realidad. La definición debe ampliarse e incluir la unión de dos hombres o dos mujeres. Y en el significado de *madre*, el diccionario dice textualmente: «Hembra que ha parido». En esta definición no se considera la adopción ni los sentimientos más allá del hecho biológico de haber parido. Hoy estamos en esta lucha. El capitalismo dice qué es la competitividad, la libertad, la democracia, se apropia de esos conceptos. Otro ejemplo, esta vez del campo empresarial. Los empresarios hablan de plusvalía, productividad, tasa de ganancia, composición orgánica del capital, todos conceptos marxistas, ¿cómo es posible? Muy sencillo, les han quitado el carácter de crítica al capitalismo y los incorporan a su mundo. La derecha se apropió de ellos y los maneja a su antojo.

En este sentido, la democracia nunca ha sido un valor defendido por la derecha. Por el contrario, son defensores de la libertad individual y la propiedad privada. El concepto de «democracia» forma parte de la cultura de la izquierda y del pensamiento humanista en general. Los partidos socialistas, antes de adoptar el nombre, se apellidaban partidos democráticos, en tanto que se luchaba por los derechos de ciudadanía política. Derecho de huelga, descanso dominical, en fin. Tras la Revolución rusa, los partidos socialistas se transformaron en partidos comunistas. La lucha por la democracia siempre ha sido patrimonio de la izquierda, nunca de la derecha o las clases dominantes. Por ello democracia y socialismo van juntos y democracia y capitalismo son incompatibles. El objetivo del mundo capitalista es reducir el mundo a su visión, a sus valores, a sus intereses, esa es la causa de una minoría dominante que es capaz de extender su mundo a los demás, bajo el paraguas de una hegemonía cultural, en pocas palabras: competitividad, egoísmo, mérito, riqueza, fama, propiedad privada, libertad de mercado bajo las leyes de oferta y demanda.

Ángel: Y algo peor, Marcos, porque son muy hábiles. Lo decía Cortázar en una conferencia que dio hablando de este tema, que la derecha tiene mucha habilidad porque tiene mucha experiencia. Y además no es casual, todos sabemos que hay grupos que se dedican a eso, a investigar cómo pueden sacralizar ciertas palabras y demonizar otras para crear conceptos. La publicidad, por ejemplo; la de la Coca Cola te transmite el concepto de libertad, la libertad individual, la única para ellos, por supuesto, y vemos en la pantalla a un joven corriendo en un ambiente idílico y que bebe Coca Cola. Entonces, ¿qué significa la libertad? Tomar Coca Cola, eso es ser libre.

Marcos: Lo que has dicho es muy importante. El imaginario del capitalismo nos cala hasta los huesos. Si tengo sed, no quiero agua, ahora también privatizada, quiero beber algo diferente que me dé emociones y me transporte a un mundo lleno de felicidad, por eso pido Coca Cola, la chispa de la vida. Esa es la importancia de la publicidad y el mensaje que esconde.

Ángel: Ahora hasta hablan de activismo. Primero te critican: los que son activistas son malos, bolivarianos, comunistas, son horribles, hay que castigarlos, perturban. Pero después son más inteligentes, recapacitan y dicen: espera un poquito, vamos a apoderarnos de la palabra. Ahora la publicidad del BBVA dice que hay que ser activista, que basta de palabras, tenemos que respirar aire puro. Por eso el BBVA anuncia iniciativas a favor del medioambiente. Una cosa loca. Son muy hábiles. Otro ejemplo; sacralizan al inversor cuando nos dicen: cuidado que los inversores no vienen si nos portamos mal. Todo el mundo tiene miedo para no fastidiar y enojar a los inversores, como si los inversores fueran una especie de Reyes Magos que deciden qué pueblo se porta bien; ¿este? Bueno, pues vamos a beneficiarlo. ¿Y qué es portarse bien? Someterse dócilmente a sus exigencias. Esa es la idea que transmiten a la gente, con una palabra sacralizada, cuando nosotros sabemos lo que significa el inversor.

Otra, demonizar. Cuando tú estás hablando y te dicen: «pero tú quieres ser como Venezuela», ya está demonizada Venezuela, entonces tú te defiendes, «no, no, yo no quiero…», ya te hicieron entrar en la trampa. Hay palabras demonizadas y palabras sacralizadas, y con eso se manejan porque tienen un aparato de difusión de esos conceptos. Por eso yo creo que la izquierda tiene que emprender lo que acabas de decir, una lucha para revertir todo eso. Lo decía Cortázar en esa conferencia, se apropian de nuestras palabras y les dan otro sentido. Se apropian de libertad, de democracia. ¿Qué es democracia para este sistema? Votar cada cuatro años, o cada tanto, votar e irte a tu casa, eso es democracia y ya está, después unos señores se encargan de tu vida, no te preocupes. Aparte te prometen una cosa que ni se les ocurre cumplirla, y nosotros calladitos y obedientes. Es como si estuviéramos en un gran teatro donde fuéramos espectadores, espectadores de nuestra propia vida, porque resulta que ese señor está decidiendo sobre nuestras vidas. Bueno, para ellos eso es la democracia, nada más. Pero relativamente, porque si aparece Venezuela con no sé cuántas elecciones y las ganan incluso con observadores internacionales, esas ya no valen. Todo eso va formando la creencia, como decía Scalabrini Ortiz, un escritor argentino político de hace muchos años, de que la prensa tiene ese poder de transmitirte una idea, la incorporás y pensás que es una idea tuya. Esa es una lucha que yo creo que la izquierda no está dando, Marcos.

Marcos: No es que no la esté dando, sino que la abandonó. Y la abandonó porque la izquierda a la cual nos referimos es la izquierda del capitalismo, tiene otras lógicas y otras dinámicas. Eso ya lo señalamos anteriormente. Gestionar el capitalismo, hoy capitalismo verde, ecológico o comprometido con la naturaleza.

ÁNGEL: Perdoná, Marcos, hago acá un paréntesis. También nos hacen creer que el capitalismo es el fin, el objetivo final y logrado de la sociedad. Que hemos llegado a lo que aspiramos como sociedad y que es un hecho natural como la lluvia o el sol. Claro que no es natural, es un sistema más que se dio en la sociedad y que tiene una tremenda injusticia intrínseca, pero no todo el mundo tiene que aceptar eso, y si decís: «yo soy anticapitalista», te miran como si fueras un loco. No se puede estar en contra de la naturaleza. Como dice Vargas Llosa, es la ley de la gravedad, luchar contra el capitalismo es luchar contra la ley de la gravedad.

MARCOS: Ese es uno de los grandes logros del discurso de los ideólogos del capitalismo, transformar un hecho histórico y político, como es el capitalismo, en una razón universal y de dirección única de todas las sociedades y pueblos del mundo. Para el capitalismo no existe Oriente, ni ninguna cultura que no se integre a la eufemísticamente católica, apostólica y romana. La idea de progreso ha sido su gran estandarte, hoy abandonada por otro mito, la inteligencia artificial como eje del capitalismo digital. El capitalismo es la culminación de la existencia del ser humano en sociedad. Luego el caos, la oscuridad y la muerte. Por eso, cuando te marcan como comunista o anticapitalista, inmediatamente te descalifican con una afirmación banal: «quieres volver a las cavernas», «eres enemigo del progreso». Hay un biólogo que fue muy irónico para desmontar la idea de progreso capitalista. Stephen Jay Gould, en su ensayo *La falsa medida del hombre*, como siempre, parafraseando, sentenció: «Miren ustedes las contradicciones de la idea de progreso; decir que un atleta, que corre, hoy por hoy, los 100 metros lisos en un tiempo de 9,58 segundos, al cabo de 15 años podrá conseguir llegar a menos de 5 segundos es la linealidad del progreso. Lo mismo lo podemos aplicar a nuestra vida diaria. Una alimentación sana haría que las siguientes generaciones pudiesen llegar a medir tres metros de altura. ¡Vamos! Una estupidez». Esa es la gran diferencia entre la idea de progreso de donde se infiere el ser progresista y asumir los principios de la teoría de la evolución, donde todo nace, crece, vive, se desarrolla y muere. El capitalismo no es un sistema social ahistórico. No durará eternamente, aunque lo quieran. Su evolución nos lleva a la destrucción, tenemos que desmontar la idea de progreso, la idea de la inteligencia artificial, del capitalismo digital centrado en la cibernética y la informática. En el *big data* y los algoritmos. Las aplicaciones de Google no nos harán más libres. El progreso no es una idea que contenga un valor ético, ni menos está articulado a los principios del bien común. ¿Acaso no creamos la bomba atómica, hacemos guerras y todo en nombre del progreso?

ÁNGEL: Pero esto de lo que estás hablando, Marcos, es la tarea de la izquierda: recuperar el sentido de la lucha anticapitalista, de forjar pensamiento y teoría crítica, que, como bien decís, se ha abandonado.

MARCOS: Nuevamente pones el dedo en la llaga. Crear pensamiento o, mejor dicho, la actividad de pensar conlleva enfrentarte a la realidad, al mundo que te rodea. Cuestionarlo. Por eso el capitalismo ofrece muchas salidas para no pensar. Es mejor que otros piensen por ti y tú te limites a seguir el libro de instrucciones. Vázquez Montalbán, en un ensayo sobre el fútbol, señalaba que la capacidad de pensar una jugada, de imaginar el campo mediante la visión de juego de cada jugador, se había perdido, en beneficio de un juego donde primaba el sistema, donde cada jugador no podía cuestionarlo y era una pieza que debía cumplir su función. Es decir, no pienses por tu cuenta y juega como te dicen. No quiero un delantero imaginativo, capaz de interpretar el juego de forma distinta, aunque sea genial, quiero un delantero que cumpla. Montalbán decía que de esa manera se pierde la espontaneidad del futbolista. ¡Claro está, luego existen las excepciones! Lo mismo pasa con la esfera política. Todo por el sistema, el sistema decide lo que debes pensar. Es muy cómodo que nos faciliten la vida, y hoy eso es mucho más fácil gracias a los dispositivos que nos proporciona el capitalismo digital. Lo que se llama internet de las cosas. Aplicaciones para todo. Desde el GPS hasta las compras en Amazon, drones que cuidan el ganado, etc. Tik-Tok, YouTube, plataformas para hacer parejas o Google Maps, que basta con decir «ir a casa de Ángel Cappa» y ya está, «siga a la izquierda y llega».

Ángel: Google no te dice a la izquierda, Marcos, te dice: «si quiere llegar, vaya por la derecha» *(risas)*. Y cuando se menciona Cuba o Venezuela ocurre igual, el sistema ha pensado por vos con sus valores e imágenes.

Marcos: Efectivamente. Basta que alguien mencione Cuba o Venezuela en una conversación para que se afirme: «Cuba es una dictadura», «Venezuela es una dictadura». No se reflexiona sobre el significado de dicha afirmación, simplemente se la trae a colación. Si te das cuenta, las elites políticas actuales lo único que hacen es adjetivar, insultar y descalificar. No hay debate de ideas, ni te facilitan argumentos. Así escuchamos desde todas las posiciones: «Tú eres un felón, un mentiroso, tu padre era un terrorista, tú usabas unas pantuflas, un canalla». El «y tú más» se impone. Pero de esta forma no se construye ciudadanía ni se articula una cultura política. La clase política se hace irrelevante, gracias a sus méritos.

Ángel: También lo que han hecho los medios de comunicación, la cultura dominante, es que la gente, como vos dijiste y escribiste en un libro sobre eso, no piensa. Por ejemplo, yo ahora estoy en internet viendo programas que hacían antes en TVE. Había uno muy bueno, que se llamaba *A fondo*, con entrevistas a escritores, políticos, periodistas, conversaciones en calma, donde se hablaba tranquilamente. Eso te ayudaba a reflexionar, a pensar.

Marcos: Claro, sin nostalgia, añoranza o sobredimensionar la clase política de los años setenta, también había de todo, pero se respetaban, al menos en público. Oían, escuchaban y reflexionaban en conjunto. Después cada uno podía pensar lo que quisiese.

Ángel: El prestigioso programa *La clave* hoy día sería imposible. ¿Por qué? Porque la gente, sobre todo las generaciones nuevas, no prestan atención más de cinco o diez segundos, después se les va la atención y no hay manera.

Marcos: Claro. Sólo ruido. Mira *El Chiringuito*, como ejemplo en las tertulias futboleras. Y qué decir de los debates políticos. Se interrumpen, se revuelven, es puro espectáculo y muy poca pedagogía política. Sin mencionar la escasez de recursos retóricos.

Ángel: Cuando te hacen una entrevista en la radio, vos no podés hablar más de un minuto, porque ya te cortan y dicen esto y aquello. Todo tiene que ser fraccionado, como los tuits. No hay manera de reflexionar, de pensar. En un minuto te dan 35 noticias. ¿Cómo es posible que alguien pueda pensar o asimilar algo?

Marcos: Nos han enseñado a no pensar, no preguntar, incluso más, a no tener preguntas. Las reformas educativas van destinadas a formar consumidores, individuos competitivos para el mercado, se ha perdido el sentido de educar para la libertad, para la democracia, en valores éticos. Lo importante está en el mercado, dirán. Han desvirtuado el propio concepto y sentido de la educación, como parte de la formación de ciudadanos. El concepto de la educación pública obligatoria y gratuita nace, entre otras cosas, para potenciar los valores de una ciudadanía política, para que todos puedan participar políticamente. El objetivo no es sólo aprender a sumar, restar, multiplicar, leer y escribir. Es enseñar para convertirnos en personas con valores y no cualquier valor, sino, como hemos dicho, valores éticos. Dotarte de herramientas para participar de tu sociedad y de sus problemas. Para no ser manipulado. Recordemos al gran pedagogo Paulo Freire y su *La educación como práctica de la libertad*[1] o *Pedagogía del oprimido*[2].

Ángel: Curiosamente, lo primero que prohibió Bolsonaro fue a Paulo Freire. En realidad no tan curiosamente…

Marcos: En efecto, eso es lo terrible. Se criminaliza que pienses diferente, que puedas expresar ideas. Las leyes mordaza, las cen-

---

[1] Madrid, Siglo XXI, 2012.
[2] Madrid, Siglo XXI, 2009.

suras y autocensuras son el pan de cada día, en todos los países. Y claro, cuando no piensas y te limitas a ser un lorito repetidor, la posibilidad de un diálogo es imposible. ¿Cómo se puede debatir con quien me dice «en Cuba se comen a los niños», «en España gobierna el socialcomunismo», «los emigrantes son el problema», «me controlan con chips», «la Tierra es plana» o «la violencia de género es una invención de las feministas»? Con estas afirmaciones es imposible cualquier tipo de diálogo.

ÁNGEL: Efectivamente. Cuando te dicen una cosa de esa naturaleza es igual que si vos vas a la universidad, estás dando una clase, uno levanta una mano y pregunta: «Marcos, ¿papá va con "h"?». Ante eso uno no sabe qué decir, me marcho, agarro el coche y me voy, ¡qué es eso! Esto lo mismo.

MARCOS: Te puedo decir, y tú tendrás las mismas experiencias en el fútbol, aunque de diferente calado. Siempre que me toca explicar Marx o autores de pensamiento radical y crítico, surgen caras de incredulidad y desasosiego. Para ellos Marx no es un autor, es un comunista, no es pensador, un economista, un filósofo, es un comunista, y les han dicho que los comunistas, y sobre todo Marx, se equivocaron en sus planteamientos, entonces no se deben estudiar. La tonadilla «Marx se equivocó» siempre sale a colación, año tras año, y son ya cuatro décadas en la enseñanza universitaria.

ÁNGEL (*risas*): Cuando yo estudié Filosofía tampoco hablaban de Marx. O lo hacían rapidito y por arriba. Estaba prohibido sin estar prohibido. Qué curioso, ¿no? *(risas)*.

MARCOS: Entonces les pregunto: ¿en qué erró Marx? Y no hay respuesta. Sólo silencio. Ni lo han leído, ya están repitiendo lo que escuchan. Transforman su opinión en conocimiento. Renuncian a la experiencia del saber, a la aventura del conocimiento. Repito no se hacen preguntas.

ÁNGEL: Lo que Sampedro respondía cuando le preguntaban cómo se sentía de viejo era que no se percibía viejo, que viejo era cuando tenía veinte años, y que ahora era joven, porque había adquirido un montón de experiencia y atrevimiento.

Marcos: Ya que citas a Sampedro, Salvador Allende –ya ves que siempre lo traigo a colación, es un referente– en su discurso de la Universidad de Guadalajara dijo: «Hay jóvenes viejos y viejos jóvenes; yo soy de los segundos porque sigo pensando». Se puede ser viejo con veinte años y se puede ser joven con setenta, es la capacidad que tú tienes de pensar el mundo, de reflexionar. Hay una cosa de lo que estamos hablando, *es mucho más difícil desaprender que aprender*. Para ser crítico, demócrata, hay que leer, pensar y reflexionar. Para ser un anticomunista solamente tienes que seguir la corriente. Emprender la defensa de Cuba, sin ir más lejos, presupone conocer su historia; debatir sobre el socialismo requiere saber qué es el socialismo, y eso lleva trabajo, horas de estudio, mejor quedarse con lo que dicen José María Aznar, Donald Trump, Pinochet o Jair Bolsonaro.

Ángel: Es muy difícil vivir contracorriente, Marcos, muy difícil. Entre otras cosas, porque uno también, como vos lo acabas de decir, está metido dentro del capitalismo y tiene que luchar permanentemente contra las contradicciones que se tienen, porque es evidente que las tentaciones del capitalismo cuando vos tenés cierta posibilidad económica son muy fuertes. Uno tiene que estar mentalmente muy despierto para no entrar en actitudes machistas, patriarcales, y tenés que repensar lo que hiciste o dijiste, porque no te das cuenta.

Marcos: Perdón que te interrumpa. Has puesto sobre la mesa un argumento muy importante, apelas a la conciencia, a ser consciente, y eso es un hecho diferencial. Tú eres consciente de los límites que te impone el capitalismo y debes buscar abrir brecha. Cambiar, asumir tus contradicciones. Pero el capitalismo te bombardea diciendo «no te metas en líos, vive el día a día, vas a estar mejor». García Márquez compiló sus primeros artículos periodísticos con el siguiente título: *Cuando era feliz e indocumentado*. El capitalismo es un imán que te atrae con su discurso, con su fama, con su dinero.

Ángel: Marcos, nos estamos yendo del tema. Volvamos a lo que estábamos hablando. La izquierda, creo, y eso me lo dirás vos, porque yo no he leído a Laclau...

MARCOS: Con perdón. ¿Qué tiene que ver Ernesto Laclau con la izquierda? Pero acepto el reto, te respondo al final de esta primera conversación.

ÁNGEL (*risas*): La izquierda ha abandonado un poco también, creo yo, el tema de la lucha de clases. La derecha la niega, pero la lleva a cabo por las dudas, la lleva a cabo con mucha inteligencia y desde todos los frentes. Vos fíjate ahora el acoso al Gobierno que tenemos del PSOE en coalición con Unidas Podemos...

MARCOS: ¿Te refieres a la izquierda del capitalismo?

ÁNGEL: Sí, claro. El capitalismo «bueno», digamos... Pero así y todo, el capitalismo, que no tiene nada de bueno, lo golpea por todos los lados. Si hace confinamiento, porque lo hace; si no lo hace, porque no lo hace. Permanentemente. En Argentina igual. Hay un Gobierno levemente, pero levemente progresista, y lo acosan de todos los lados. Cuando quiso intervenir a una empresa del agro, Vicentin, que robaba escandalosamente al pueblo, salió la gente común a manifestarse y gritaba «¡Viva la propiedad privada!», en defensa de Vicentin. Aquí vemos un ejemplo de la manipulación silenciosa que crea conciencia a favor del opresor. O sea, la derecha no habla de la lucha de clases, pero la lleva a cabo en todos los frentes. La izquierda ni siquiera habla ni la lleva a cabo, ahora se habla de arriba y abajo. ¿Qué pasó con eso Marcos? Yo creo que Laclau tuvo una influencia enorme, ¿no?

MARCOS: Comparto tu diagnóstico o reflexión. Otra vez la derecha ha ganado. No solamente ha hecho que la lucha de clases sea un concepto peyorativo, un concepto que genera odio, rencor, desprecio, tanto como el concepto «dictadura del proletariado». Pero ambos han sido descontextualizados, instrumentalizados, para generar miedo y buscar el rechazo. ¿Quién puede afirmar que existe la lucha de clases? ¿Quién defiende una dictadura? Nuevamente, la importancia de la palabra y sus significados. Es muy difícil desmontar esta manipulación, pero hay que perseverar, no le podemos dejar todo el campo de juego, hay que jugar el partido, no se puede dar por perdido antes de salir a la cancha, por utilizar argot futbolero. No podemos callar, hay que levantar la voz y señalar: no, la lucha de clases no es de usted contra mí, no es un problema particular, es una relación social entre explotados y explotadores.

Ángel: Y no es tirar piedras en una manifestación o romper escaparates. No es la violencia del oprimido lo que define la lucha de clases. Es la violencia del opresor de hecho o ideológica y la reacción de los oprimidos por liberarse de lo que estamos hablando.

Marcos: La derecha teórica lo sabe. Te estigmatiza si defiendes la lucha de clases. Ya pasas a la condición de subversivo, terrorista y antisistema. Eres un enemigo público. Un asesino en potencia que quieres matar a tu vecino. En cambio, la derecha se presenta como afectuosa, amigable, paternalista. Las clases sociales no existen y, si las hay, están para cooperar entre ellas. Eso era el nazifascismo, el Estado corporativo defendido por José Antonio Primo de Rivera, la Falange, el Sindicato Vertical. Trabajadores y empresarios juntos, unidos y hermanos. Ni explotados ni explotadores. Ni amos ni esclavos.

Ángel: Eso es. Y ahora lo dicen con la pandemia: «juntos salimos», mientras las clases populares sufren las consecuencias sanitarias y económicas y un reducido grupo de los ricos aumenta sus fortunas.

Marcos: En esta línea, se apropiaron del concepto de socialismo para identificarlo con totalitarismo, y qué decir del comunismo. Han sido los ideólogos del capitalismo quienes se han dado a la tarea de desprestigiar, demonizar y atacar desde todos los frentes, pero curiosamente practicando la lucha de clases. Ellos saben que es una realidad. De qué entonces los golpes de Estado, las invasiones, las torturas, la desaparición de personas, la violación de los derechos humanos. Pero claro, ellos actúan en nombre de la paz, el diálogo y la libertad.

Ángel: Bueno, te hablan de diálogo, que ahora la política exige diálogo, ¿hasta qué punto puedo dialogar con la derecha si hablamos de educación o sanidad? ¿De qué manera nos podemos poner de acuerdo con el poder que quiere una educación privada cuando lo que queremos es una educación pública? Eso es imposible. Manuela Carmena decía «yo no soy política», una cosa que ya es delirante, y, después, «yo gobierno para todos». Entonces yo, que la había votado, decía: ¿para qué te voté? Lo hice porque me dijiste que realizarías tal cosa; como ahora gobiernas para todos, haces otra. Por otra parte, ¿qué quiere decir gobernar para todos? ¡No se puede gobernar para todos! Yo gobierno de acuerdo a la idea que tengo de sociedad, no puedo conformar a Cayetana Álvarez de Toledo y a un trabajador de una empresa, porque Cayetana Álvarez de Toledo quiere otra cosa de la educación, de la sanidad, de la sociedad. Te dicen «hay que dialogar» y estoy de acuerdo, pero por más que dialoguemos con Botín, Botín va a entender perfectamente lo que ocurre con los trabajadores, pero cuando se ponga a reajustar echa a 5.000 trabajadores, porque para ella lo justo es que los accionistas ganen plata, dinero. Y Botín me va a decir que hay que flexibilizar lo laboral para poder echar a gente, y que eso generará desocupación y al mismo tiempo más dinero para los accionistas. Entonces, ¿hasta dónde se puede dialogar con Botín? Porque va a entender perfectamente bien la cuestión, pero le da igual porque no le conviene.

MARCOS: Así es. Dialogar o negociar conlleva saber cuáles son tus principios, hoy se habla de líneas rojas. Pero no se trata de eso, sino de cuál y qué proyecto defiendes, el horizonte en el que te ubicas. Con esa perspectiva pienso en el bien común desde la izquierda o pienso en el interés privado desde la derecha. La salud, la vivienda, la educación, los derechos sociales, sindicales, las vacaciones, el derecho a huelga, los logros del feminismo, son el resultado de las luchas por la dignidad humana y la derecha no va en esa dirección. Nacionalizar las riquezas básicas es parte de esa dignidad y ese sentido de soberanía.

ÁNGEL: Por supuesto, cuando Salvador Allende nacionalizó el cobre fue por el bien común.

Marcos: Es muy cierto. Y cuando se produjo la votación en el pleno del Congreso, hasta la derecha tuvo que votar a favor de la nacionalización. Para la Unidad Popular fue un día extraordinario. La medida pasó a denominarse Día de la Dignidad Nacional. Pero la derecha votó instrumentalmente, no le quedaba otra. No hubo negociación con la derecha, fue una decisión soberana y la presión popular la llevó a tomar esa decisión.

Y de la misma manera, se puede hablar de acuerdos negociados cuando el bien común está por encima de las dinámicas partidistas. En Francia la educación pública es laica, aconfesional y de calidad. Hay acuerdo base, más allá de los intereses de partido. Sarkozy tuvo un discurso reivindicando la educación pública que ya quisiéramos en España. Aquí la cosa no es lo mismo. De entrada, no hay un acuerdo de Estado, ¿Qué es la educación pública y cuáles sus fines? Crear ciudadanos o católicos. La educación pública debe ser aconfesional, laica, creadora de valores ciudadanos. Pero en España siguen imperando el nacionalcatolicismo y el poder de la Iglesia católica. Durante la dictadura franquista, los programas y planes de estudios para la educación pública se dejaron en manos de la Iglesia y hoy sigue siendo un lastre. Hoy no podrá existir un acuerdo entre la izquierda y la derecha sobre la educación. Así nos va. Llevamos una cantidad de planes y leyes según quién gobierne. Algo similar ocurre en las áreas de sanidad o vivienda, o en temas como el calentamiento global, medioambiente o igualdad de género. En estas materias siempre se decidirá acorde al poder de los actores que se sientan a la mesa, y lamentablemente la izquierda, hasta ahora, siempre está en desventaja.

Ángel: Y la democracia también.

Marcos: Capitalismo y democracia no van juntos. Capitalismo y libertades individuales, sí, pero la democracia política *stricto sensu* nunca ha sido un valor para la derecha. La democracia, dirán, es un problema de pobres y fracasados. Quienes no han aprovechado sus oportunidades terminan pidiendo al Estado que les solucione sus problemas. Piden becas, viviendas, salud, educación, parques, subvenciones. No son emprendedores. No han sido capaces de convertirse en activos, etc. De allí el dicho: *hay que enseñarles a pescar y no darles el pescado.* Quien tiene éxito no necesita de la democracia, sólo aprovechar las oportunidades del mercado. Por eso la democracia es un problema de los pobres. El que triunfa individualmente ¿para qué necesita la democracia? Requiere seguridad, protección a su propiedad privada, a sus bienes. Cambian seguridad por democracia. La derecha tiene miedo a los pobres. Practica la necropolítica. Por eso mismo siempre está con la cantinela de bajar los impuestos. No piensa en el bien común, piensa en sus mezquinos intereses. Ellos pueden acceder a la sanidad privada, la educación privada, autopistas de pago, etc. ¿Pagar impuestos para que otros se aprovechen de su esfuerzo es un atraco a la propiedad privada? Esa es su contradicción.

ÁNGEL: Marcos, no me quedé satisfecho con tu respuesta sobre Laclau, lo has dejado a medias, háblame un poco más de él. Conceptos que por cierto ahora están muy metidos acá en España, ¿no? Y es bueno, me parece, aclarar este asunto.

MARCOS: Laclau ha sido una moda. Anclado en una visión del populismo como sinónimo de pueblo, el pueblo elegido, plantea una articulación de identidades dispersas para proponer un relato genérico donde estas puedan coincidir en un espacio común, interclasista, trasformador, progresista, con la nueva izquierda. Así es posible construir en propuesta populista de izquierdas. El tema tiene miga. El populismo en origen es un proceso de transición identificado dentro del debate socialista y marxista del siglo XIX en la Rusia zarista. Tuvo un doble significado, quería significar la hegemonía de las masas sobre una elite culta y, por otro lado, una teoría no capitalista del desarrollo en Rusia. Como teoría política tuvo corto recorrido, y a nivel político, no era un movimiento organizado, sino una ideología. En ese sentido, Laclau no aporta nada, más bien confunde al traerlo a colación a fines del siglo XX y principios del XXI. Laclau es teóricamente irrelevante, pero políticamente su visión ideológica ha sido una justificación para los gobiernos progresistas que rechazan la posibilidad de un cambio anticapitalista. A partir de ahí ellos construyen una nueva forma sobre la cual redefinen el concepto de pueblo. Por eso populismo como proyecto ideológico sólo tiene sentido para la derecha y la socialdemocracia; para la izquierda sólo tiene sentido defender un proyecto popular.

Ángel: Sí, claro. Que sirva para la superación del capitalismo, no para «adecentarlo».

Marcos: Fíjate en América Latina, el populismo se reinventó en los años treinta del siglo xx. Fue la manera en que la oligarquía llevó a cabo su transición, incorporando a la burguesía local y con un discurso obrerista para captar a la naciente clase trabajadora urbana. Getúlio Vargas en Brasil, Velazco Ibarra en Ecuador, Ibáñez del Campo en Chile o Perón en Argentina compartían ese discurso, fundado en tres lógicas, redefinición de la dependencia, discurso obrerista y reivindicación del nacionalismo con cierto grado de antiimperialismo. Pero todos eran anticomunistas. El populismo fue, en América Latina, la manera en que el capitalismo modernizó sus formas de dominación integrando a la clase trabajadora de manera subordinada a su proyecto. La oligarquía se aburguesó y la burguesía se oligarquizó, sobre la base de un policlasismo. Te repito, no hay, por mucho que Laclau y sus seguidores en España lo piensen, un populismo de derechas y otro de izquierdas.

Ángel: Eso creo que es fundamental, el policlasismo dentro de esa idea, ¿no?

Marcos: El policlasismo, como reclamo del populismo, fue la manera de controlar los procesos de cambio por parte de las clases dominantes latinoamericanas. Pero en el fondo seguían teniendo la sartén por el mango, sólo que cedieron el poder formal a sus representantes más «progresistas», las burguesías locales y desarrollistas, cuyo discurso antioligárquico calaba en las clases trabajadoras.

Ángel: En Argentina con el radicalismo de Hipólito Yrigoyen, que fue derrocado en 1930 en un golpe militar.

MARCOS: Encabezado por José Félix Uriburu.
ÁNGEL: Eso es, y de ahí después viene Perón, que fue también parte de ese golpe y que después se fue distanciando... Pero el radicalismo de Yrigoyen era también policlasista.
MARCOS: En este caso lo importante del populismo es su apropiación del discurso popular de forma demagógica, bajo un supuesto lenguaje antiimperialista y, repito, antioligárquico. Pura fachada. El populismo es la forma que los Gobiernos de la derecha moderna en América Latina utilizaron para frenar las luchas populares. No hay populismo de izquierda, hay Gobiernos populares. Dos ejemplos. En Bolivia, quien participó de la lucha antisubversiva y anticomunista, el general Alfredo Ovando, ya presidente en 1969, impulsó la nacionalización de la compañía de petróleo y gas Gulf Oil. Su discurso antiimperialista no le impidió ejercer una fuerte represión contra los sindicatos, los pueblos originarios y la izquierda. Igualmente sucede con el Gobierno de Juan Domingo Perón; con ese discurso antiimperialista nacionalizó los ferrocarriles.
ÁNGEL: Y un montón de cosas más. Pero, Marcos, era una circunstancia económica muy particular. Europa estaba en guerra y Argentina, vendiendo trigo y carne, acumuló una notable riqueza que le permitió recuperar económicamente a la clase obrera y hacer una política nacionalista. Hay que reconocer que reactivó la economía y permitió una vida digna a los trabajadores. Después vienen las críticas, que son muchas y las comparto.
MARCOS: Vale, pero Perón terminó exiliándose en la España de Franco. Y hasta hoy tenemos en Madrid una gran avenida con el nombre de General Perón. El populismo es una ideología contradictoria y sus representantes lo demuestran.
ÁNGEL: Quiero que me expliques también el tema fundamental de arriba y abajo. Arriba y abajo, nos juntamos con este y con el otro para reclamar mejoras de vida. Y eso tiene cierto atractivo, pero evita entender la lucha de clases que sigue presente.
MARCOS: La distinción arriba y abajo oculta la lucha de clases, las contradicciones capital-trabajo. Mira, es propio del lenguaje

populista. Es un sinsentido. En esta visión desaparece el hecho histórico de la explotación como relación de dominación capitalista. Sólo se refiere a un reparto del excedente económico. No confronta el problema real de las desigualdades, sólo intenta que sean menos lacerantes. ¿Qué es el arriba y el abajo? Será abajo a la izquierda o arriba y a la derecha. Esa es la lógica. Obviamente con esta dualidad, te recalco, se niega la existencia de las clases sociales. Volvemos al principio de este diálogo, ¿qué es ser de izquierdas? El arriba y abajo lo que propone es que la explotación tenga un rostro humano. La izquierda lucha por eliminar la explotación del ser humano por el ser humano.

ÁNGEL (risas): Resulta, Marcos, que ahora los Gobiernos progresistas, aunque ya aclaramos lo que son, pero vamos a seguir llamándolos Gobiernos progresistas…

MARCOS: Son progresistas, porque no son de izquierdas.

ÁNGEL: Han difundido la noción de que la izquierda no puede criticarlos, incluso creo que hay directivas en ese sentido. Y no podés criticarlos porque «le estás haciendo el juego a la derecha», es decir, te limitan la capacidad de contribuir a profundizar ese Gobierno supuestamente popular y de izquierda, tanto ocurre en Argentina como acá. Esto es una izquierda de café, te dicen, una ultraizquierda que piensa que cuanto peor, mejor, ¿cómo se puede solucionar esto?

MARCOS: Cierto, te criminalizan, no puedes criticarlos, y si lo haces, eres un ultra, un descerebrado o no entiendes el momento político. Te impiden reflexionar y pensar al margen de su propuesta. Estás con ellos o estás fuera. Con ellos o sin ti. Ese es el postulado de los Gobiernos progresistas. Evaden la responsabilidad de lo que hacen. Ellos, dirán, están condicionados por la derecha que no les deja hacer. Y como no les deja hacer, acaban diciendo que sí se puede, pero poquito. ¿Y en qué consiste ese poquito? Lograr migajas, lavar sus rostros y ocultar sus vergüenzas. Y no se trata de hacer una crítica paralizante, el problema es que su propuesta es pragmática, ajustar el capitalismo. No hay detrás una lucha anticapitalista, democrática de participación ciudadana. Su lema bien podría ser «llegar al poder para no cambiar el mundo».

Para terminar, tú lo has señalado muy bien, la crítica debe asentarse sobre valores éticos y el compromiso de la palabra dada. Lamentablemente sus promesas se desvanecen o terminan en un lavado de cara con medidas de impacto mediático, pero que no modifican el *estatu quo* de la dominación de clase, más bien desaparece del horizonte. El problema está en el abandono de los principios de ser de izquierda y la corrosión del carácter de los progresistas, sin ética del compromiso, sin dignidad, la crítica debe ser perseguida. Por eso actúan de forma sectaria, descalificando y convirtiéndose en los promotores del nuevo ministerio de la verdad progresista.

Ángel: Quiero terminar con un concepto que a mí me llamó mucho la atención y que, digamos, me produjo una admiración muy grande. En el documental de Patricio Guzmán *La batalla de Chile* aparece Allende, en medio de una situación muy complicada en ese momento en el país, dando un discurso donde dijo: «Nosotros no somos un país socialista ni un Gobierno socialista, lo que nosotros estamos es creando las condiciones para poder caminar hacia un socialismo». Me pareció extraordinario, de una lucidez enorme. Eso es lo que uno no ve en estos Gobiernos.

Marcos: Claro, estos Gobiernos por lo que están luchando es por un mejor capitalismo, esa es la diferencia.

Ángel: Lo has definido muy bien; estos Gobiernos lo que están haciendo es tratar de mejorar el capitalismo para que sea aceptable, entonces es distinto de lo que proponía Allende al reconocer que no eran un Gobierno socialista, sino que estaban creando las condiciones para una transición hacia. Acá no, acá se están creando las condiciones para no serlo nunca.

Marcos: Aquí están creando las condiciones para que el capital se pueda afianzar. Son los impulsores de la transición del capitalismo analógico al capitalismo digital y lo peor es que se sienten cómodos con su cometido. Hay un famoso cuento que podemos trasladar a los Gobiernos progresistas.

Va el lobo y toca la puerta.
— Toc-toc.
— ¿Quién es?
— Soy una ovejita.
— Muestra el pie.
Muestra el pie y el pie es de lobo.
— No, no, me estás engañando, eres un lobo.
El lobo va y se pone piel en la patita y toca de nuevo.
— ¿Quién es?
— Soy una ovejita.
— A ver, muéstrame tu cara y tu pata.
Lo hace y, claro, la pata y su rostro son de lobo. Él quiere comerse a las ovejas y hará lo que sea. Mientras, la estrategia de las ovejas es seguir preguntándole. Pero tras múltiples cambios para camuflarse como oveja ha perdido su identidad y su objetivo. Tras mucho batallar, cambiar y mutar, llama a la puerta y, cuando las ovejas le preguntan quién llama, se escucha:
— ¡Beee, beeee!
El lobo se había trasformado en oveja. Los progresistas son lobos que han mutado en ovejas.

ÁNGEL: Ovejas muy blanquitas, no hay ovejas negras.
MARCOS: Las ovejas negras siguen existiendo, pero fuera del rebaño, porque no se dejan guiar.
ÁNGEL: No tocan la puerta.
(Risas.)

CAPÍTULO II
Comienza el partido

MARCOS: Quiero comenzar provocando. Te he escuchado y leído que hay un fútbol de izquierda y otro de derecha. ¿Cómo es eso?
ÁNGEL: Sí, así es. Pero se trata de una analogía, algo conceptual. No se trata de que haya goles o regates de izquierda y otras jugadas de derecha. Quiero decir que la izquierda suele darle importancia a lo que la derecha considera un adorno de lo que sirve.
Me explico. Para la derecha lo importante es el resultado. El fin que justifica los medios. La eficacia sobre todo. Si invertir en acciones de alimentos básicos provoca el hambre de millones de personas, no importa. Lo que importa es la ganancia que puede resultar de esa inversión.
Las grandes empresas destruyen la naturaleza, sin tener en cuenta el suicidio que eso significa para la humanidad. La economía no puede parar, como dijo George Bush hace unos años.
Me acuerdo, además, de un eslogan publicitario del PP en las elecciones de hace unos años. Decía «eficacia». Esa palabra solamente. Es decir, lo que para ellos era lo realmente importante al margen de todo lo demás.
MARCOS: Y ese razonamiento ¿cómo lo trasladamos al fútbol? Porque la eficacia la buscan todos, ¿no?
ÁNGEL: Habrás escuchado muchas veces que «ganar no es lo más importante, sino lo único importante». En otras palabras, el juego interesa menos o directamente no interesa para esta corriente futbolística.
Me acuerdo del comentario, en otros tiempos, de un famosísimo periodista radial después de un partido que ganó la se-

lección española, un partido importante. «No jugamos bien», dijo, como si fuera un jugador más. Y siguió: «Es cierto, pero ¿a quién le importa el juego?».

Y ahí tenés una relación directa entre ambos conceptos. Para el pensamiento de la derecha económica y política, sólo importa ganar dinero; para el pensamiento futbolero de derecha, sólo importa el resultado.

MARCOS: Pero, Ángel, a los futboleros de izquierda también nos interesa, y mucho, el resultado.

ÁNGEL: Por supuesto, y a mí el primero. La diferencia está en que no sólo el resultado importa. El juego tiene un lugar preponderante también.

Iniesta fue muy claro en ese sentido. Dijo: «A mí me enseñaron a ganar, pero no de cualquier manera». Yo no sé si Iniesta es de izquierda o derecha, pero esa manera de pensar contradice el fútbol que sólo respeta al que gana.

El juego, como creo que ya lo he comentado con vos, tiene un significado definitorio para quienes amamos el fútbol. Queremos ganar sin renunciar al modo de hacerlo. Queremos ganar mereciéndolo, jugando mejor que el rival, porque el juego no es, para nosotros, prescindible con tal de ganar.

Ganar queremos todos. Los caminos que tomamos para conseguirlo son diferentes.

Si logramos jugar bien, por otra parte, nos acercamos a la belleza. Y, como decía Cortázar, la sociedad necesita tanto de la eficacia como de la belleza. La derecha considera la belleza un adorno –como la cultura– de lo que sirve, que es ganar dinero.

Termino con una frase de Antonio Gala: «Toda referencia a la belleza produce risa, salvo que sea rentable».

Lo cierto es que la belleza que produce el buen juego, en el fútbol, es muy rentable. Jugando bien, además, tenés más opciones de ganar. Y no sólo en el fútbol.

MARCOS: ¿Cuántas veces te han preguntado si prefieres ganar o jugar bien?

ÁNGEL: Muchas.

Marcos: No te lo pregunto, entonces.
Ángel: No, por favor (*risas*).
Marcos: Después de este inicio, una pregunta menos comprometida. El fútbol es un deporte colectivo, en origen fue popular, una manera de relación social, un juego, una diversión. ¿Cuándo se convirtió en deporte profesional, en un negocio? ¿Qué hizo que fuera un negocio?
Ángel: Efectivamente, el fútbol empezó como una diversión, una diversión de los pueblos. No tiene un origen determinado, ni una fecha determinada. Es una construcción popular anónima. Inclusive al principio, cerca del 1300 o por ahí, fue censurada por los reyes ingleses, por ser una actividad perturbadora, tumultuosa, pero el fútbol siguió. Primero se jugaba con las manos, con los pies, en las plazas, fue una construcción netamente popular que fue evolucionando con los siglos. No hay nadie que lo inventó, como ocurre con el básquet. El básquet lo ideó un día un señor en un colegio para que los alumnos se entretuvieran. El fútbol no, es una construcción popular anónima. Y para sintetizar, una vez que tomó forma servía de diversión. En Inglaterra se implantó en los colegios de la gente de dinero, pero inmediatamente apareció en los barrios y los ingleses lo difundieron en todo el mundo. Fue una gran diversión que se extendió por todo el mundo y poco a poco se transformó también en un modo de expresión en los barrios y en una manera de ser. A través de ese juego la gente de los barrios que estaba destinada a ser para otro comenzó a sentir el orgullo que se le negaba en todos los lados y comenzó a sentir una identidad propia: «Esto me pertenece a mí, esto que hago con la pelota es mío, es nuestro». En Argentina, en 1931 se hizo profesional, es decir, empezaron a pagar regularmente a los jugadores. En España ocurrió en 1926. Pero, aun siendo profesional, hasta los años sesenta más o menos el negocio no advirtió que ahí había una enorme multitud de clientes muy fieles y cuando lo hizo comenzó a introducirse en el fútbol. Hasta ese momento la clase dominante despreciaba el fútbol como algo plebeyo, de

las clases bajas que se divertían pateando una pelota. Lo miraban con la nariz fruncida, como hace siempre la clase dominante cuando hay alguna expresión popular. A partir de los años sesenta se dieron cuenta del negocio tremendo que tenían por delante, se empezaron a mejorar cosas, se puso dinero a cambio de un poco de publicidad y poco a poco se fueron apoderando de eso que era una fiesta de los pueblos para convertirlo, como casi todo lo que toca el capitalismo, en un negocio. Desde ese momento el fútbol ha dejado de ser un juego y es sobre todo un negocio, ha dejado de ser un modo de expresión y comunicación de las clases oprimidas, ha dejado de ser la fiesta que los pueblos se daban a sí mismos y se transformó en una mercancía más. Por lo tanto, el juego, que era lo que daba identidad a las clases populares, que era lo que les permitía el orgullo y les daba un sentido de pertenencia, fue dejándose de lado. El capitalismo le transmite sus valores, ¿cuáles son los valores? El beneficio rápido. ¿Qué quiere decir? Ganar como sea, me da igual el juego.

MARCOS: Ángel, me metiste un gol de media cancha con la pregunta inicial de qué era la izquierda y yo ahora quiero devolverte la pelota. Siempre se ha dicho que la izquierda y el fútbol no calzan. Por ejemplo, me gusta el fútbol y tengo mis colores, pero a un sector de la izquierda eso le parece una traición a la militancia, una deformación pequeñoburguesa ¿Qué podrías decir? ¿Qué es lo que hace que izquierda y fútbol estén supuestamente divorciados?

ÁNGEL: Yo creo que se están amigando otra vez. Creo que eso ocurrió en determinados momentos, sobre todo en los años setenta o a partir de ahí, porque se veía que efectivamente el aparato de dominación cultural se iba apoderando del fútbol y lo utilizaba para adormecer a la clase trabajadora o desviarla de sus luchas. De todos modos, la izquierda comenzó a darse cuenta de que por más que alguien sea un militante, un revolucionario, necesita esparcimiento, distracción. Uno se enamora, va al cine, al teatro, escucha música y necesita eso también. Y el fútbol es ese esparcimiento; la izquierda confundió la utilización del fútbol con el juego, y en vez de ponerse del lado de la clase popular, de los jugadores y negar dicha utilización, juzgaron el fútbol a través de esta y se cometió un error tremendo. Pero así y todo, es curioso ver a intelectuales hablando de fútbol como no lo hubiéramos podido imaginar; por ejemplo, Sartre. Jean Paul-Sartre hablaba de fútbol y decía que era una metáfora de la vida. Pier Paolo Pasolini dijo: «En el fútbol hay momentos que son exclusivamente poéticos, los momentos del gol, el fútbol que expresa más goles es el fútbol más poético». Albert Camus dijo: «Después de muchos años en que el mundo me ha permitido variadas experiencias, lo que más sé a la larga acerca de la moral y las obligaciones de los hombres se lo debo al fútbol». Antonio Gramsci, ¡cómo no se iba a preocupar del fútbol!, dijo: «El fútbol es el reino de la lealtad al aire libre».

MARCOS: El propio Che jugó al fútbol como semiprofesional.

ÁNGEL: Yo diría como profesional. Fue en Colombia, en esa gira por Sudamérica que hizo con su amigo Alberto Granado, y, como no tenían dinero, asumieron la dirección técnica y además jugaron en un equipo que no recuerdo si era de segunda división o más abajo..., y les fue muy bien, hasta el punto de que les querían extender el contrato, pero como estaban en otra cosa declinaron la oferta y prosiguieron su viaje. El Che Guevara era arquero, portero como se dice en España.

Y hay más intelectuales. Por supuesto, Mario Benedetti, Eduardo Galeano, Julio Ribeyro, Miguel Delibes, que le gustaba muchísimo el fútbol, Vázquez Montalbán... Poco a poco fueron despegándose de ese rechazo, de esa consideración peyorativa de que era «el opio de los pueblos». Además, esos críticos lo decían de boca para afuera, porque después en su casa eran hinchas de un equipo. Conozco a gente revolucionaria de Argentina, un cordobés con el que estuve acá en Madrid me contó una anécdota al respecto. Era hincha de Instituto de Córdoba y estaba clandestino, huido de los militares golpistas.

Pero no aguantó y, en un partido importante de Instituto, fue a la cancha. Lo estaban esperando y lo detuvieron. Eso ya fue cambiando. Ya los intelectuales de izquierda comprendieron el error que cometieron, el error de confundir la utilización del fútbol, que yo también la juzgo, con el juego. Porque, además, el fútbol es un sentimiento. Entonces no se puede analizar exclusivamente desde la razón, en función de si perturba la revolución o no. Y vos sos hincha del Real Madrid por más que seas de izquierda, vos o cualquiera. Soy de izquierda, pero soy hincha del Madrid, por la camiseta o por lo que sea, a veces uno no sabe por qué es hincha de un equipo. Eso –como te digo– afortunadamente ha cambiado; en España, a partir de Vázquez Montalbán y de Serrat, que ya en aquella época empezaron a expresar su amor por el fútbol. Montalbán era hincha del Barcelona, tenía locura por el Barcelona, siendo un tipo de izquierda como lo fue toda la vida.

Marcos: En muchos países, el fútbol se ha instrumentalizado, sobre todo en tiempos de dictaduras militares. En Chile, el golpe de Estado de 1973 utilizó los campos de fútbol como campos de concentración. En Argentina en 1978 o en España con la dictadura franquista se sufría algo parecido. Pero bueno, acá va la pregunta. El fútbol es un deporte colectivo. En un equipo puedes tener una gran estrella, pero si no tienes diez futbolistas más, estás vendido. ¿La democracia y el fútbol irían de la mano como estrategia colectiva? Y en esta dirección: ¿el fútbol como expresión de juego colectivo sería una escuela de democracia?

Ángel: Sí, pero hay otros juegos también colectivos, están el rugby, el baloncesto, el balonmano. Todos los juegos colectivos explican eso. No iría tan lejos. Primero vamos con el tema de las dictaduras. El fútbol, el básquet, el tenis…, tanto en dictadura como en democracia, cuando gana un equipo o algún otro deportista es recibido acá en España por el alcalde, el presidente, da igual el que gane. Recuerdo cuando Induráin ganaba los Tours, que estaba el PSOE y se daban codazos para salir en la foto con él en París. Eso es la utilización del ganador, la instrumentalización de lo popular, porque el que gana es popular sobre todo cuando gana representando a una ciudad o un país. El fútbol también. ¿Quién lo aprovechó?, ¿la dictadura? Sí. ¿Los gobiernos democráticos? También. Ahora, ¿cuánto dura ese aprovechamiento? Por ejemplo, la decadencia de la dictadura argentina comenzó en 1979, ¿cuánto le duró el aprovechamiento del Mundial de 1978, la euforia de la gente? Muy poco. Es una exageración. Si un tipo está enamorado, también tiene un momento de perturbación donde el amor lo ha sacado de su militancia política, posiblemente, pero el tipo necesita también enamorarse. Y en el caso de Argentina, era la única vez que el pueblo podía juntarse, gritar y sentirse contento, también colectivamente. ¿Que hubo una utilización? Sí. De los Gobiernos democráticos también; pero no solamente del fútbol, de todo, de una artista, de un científico que recibe un premio y entonces los Gobiernos enseguida se sacan la foto. El fútbol es un juego muy popular, porque –entre otras cosas– es barato, porque con una pelota cualquiera se juntan 25 chicos en un terreno cualquiera y se divierten cuatro horas seguidas; en cambio, para jugar a otros deportes necesitas otra cosa. Con el baloncesto en Estados Unidos no tanto, porque ponen un tablero en la calle y juegan, pero en nuestros países no ocurre eso. Yo personalmente, que mi papá era peluquero y vivía en un barrio obrero, me enteré de que había otros deportes cuando tenía veinte años. No había escuchado nada del tenis, y del golf menos, nosotros jugábamos al fútbol. En verano se hacían bailes en los clubes. Cuando las orquestas hacían una pausa, los pibes jugábamos ahí en esa pista de baile con una chapita de una gaseosa. Siempre buscábamos la oportunidad de jugar al fútbol. Otros deportes no tienen ese grado de popularidad y con esa participación de la clase obrera. Una vez declaró Menotti que el fútbol pertenece a la clase obrera y tiene la generosidad de hacer participar de este juego a las demás clases sociales.

MARCOS: Ya que mencionamos dictaduras, el libro al alimón que escribiste con tu hija, *También nos roban el fútbol*, aborda el problema del fútbol como negocio. Me llamó la atención la mención que hacéis del papel de los clubes europeos y sus ojeadores para traerse niños futbolistas y luego hacer negocio con ellos. ¿Cómo se puede interpretar? ¿Es tan grande la distancia que separa el fútbol de América Latina del de Europa? ¿Ya no se juega a lo mismo?

ÁNGEL: La misma distancia que separa a los países europeos de los sudamericanos. Se juega a lo mismo, pero la diferencia está en el poder económico. En las condiciones de cada cual para jugar, para ir a los estadios, los mismos estadios, etc. Me refiero a las condiciones económicas y los objetivos de unos y otros.

MARCOS: La cuestión es si América Latina, igual que exporta materias primas, se ha convertido en un exportador de jugadores que son tratados como mercancías.

ÁNGEL: Por supuesto que sí. A eso quería llegar. En nuestros países el fútbol sirve para exportar jugadores. De Argentina hay una estadística por ahí que revela que se llevan más de 250 jugadores por año. Entonces, claro, es un vaciamiento absoluto de jugadores de fútbol. El campeonato argentino no tiene un mejor objetivo que vender jugadores. Lo mismo pasa en Colombia, Perú, Chile, Uruguay... ¿Cuántos de los que juegan en Chile lo hacen en la selección chilena? ¿Cuántos de los que juegan en Argentina lo hacen en su selección nacional? Lo mismo en Colombia, en Perú, en Brasil, en todos los lados. Además, por la diferencia del valor del dinero, para ellos pagar diez millones de euros es una tontería en el mercado del fútbol internacional, es nada; sin embargo, para un club argentino que le den diez millones, ¡dios me libre!, es el presupuesto de todo el fútbol argentino durante cinco años. Aunque exagero un poco, hay una diferencia enorme y por eso se van todos los jugadores. Antes invertían en los grandes cracks, tenían que invertir mucho dinero y no era cuestión de arriesgar. Ahora, como invierten muy poco dinero en relación con el mercado internacional, si les sale mal, mala suerte. Entonces se van los cracks, los muy buenos y los buenos de nuestros países, y eso significa un deterioro enorme de los campeonatos nacionales, en Chile, en Argentina, en Colombia, Brasil, ha caído la calidad enormemente. ¿Quién queda? Los muy jóvenes y los muy veteranos que vienen de vuelta. Y los muy jóvenes, en cuanto hacen dos o tres goles y le dan dos o tres veces la pelota a un compañero, se van. Lo mismo pasa con todo. La explotación de los centros del poder económico abarca todo, barre con todo y también con el fútbol, por supuesto.

Marcos: Fuga de futbolistas, como la hay de cerebros. América Latina sigue siendo exportadora de materias primas, entre otras, de futbolistas. En este sentido, clubes europeos, Real Madrid, Barcelona, Ajax, entre otros, han sido sancionados por comprar niños de doce, catorce años, ponerlos a jugar y luego explotarlos con contratos leoninos. ¿Podría ser el caso de Messi?

Ángel: Me estás poniendo el caso de Messi, que vino a los doce años y ya era un jugador sobresaliente, pero hay muchos jugadores que vienen a esa edad sin tener un futuro tan claro. Y pasa que, mientras el chico juega, le dan un trabajo al padre, que generalmente no tiene o gana una miseria. Por lo tanto, un chico de doce o trece años tiene la responsabilidad de sostener a la familia, porque si deja de jugar se termina el trabajo del padre y este tiene que irse a otro lado. Como ves, deja de ser un juego para el chico y pasa a ser una explotación. Hay muchos, no tengo estadísticas, pero si vienen diez llegan uno o dos, los otros quedan dando vueltas por acá sin saber qué hacer y los padres también, y se tienen que volver, porque no son Messi ni jugadores de primera división. En ese sentido hay una explotación tremenda y siempre hay maneras de camuflarse para evitar las multas, porque además cuentan con la complicidad de otros estamentos del poder. Si vos estás en Chile, Uruguay, Colombia, ganando una miseria y venís acá y te dan un trabajo para poder mantener a tu familia y a tu hijo le dan algo, aceptás lo que sea, porque se trata de sobrevivir. Es muy difícil de manejar esa historia, pero existe, y con mucha frecuencia.

Marcos: Siguiendo con Messi, ahora se ha producido una gran sorpresa, incluso ha sido noticia mundial, me refiero a su traspaso al PSG. ¿Qué intereses ocultos puede haber en esta transacción?

Ángel: A mí me parece evidente que se trata del punto final de un modo de entender y disfrutar del fútbol y, al mismo tiempo, el punto inicial de otra forma de interpretarlo. Para decirlo con otras palabras, podemos tomar el traspaso de Messi al PSG como el fin del fútbol como juego y el inicio formal del fútbol, ya decididamente, como un negocio de multinacionales.

Es la culminación de un proceso de transferencia de pertenencia. El fútbol les pertenecía a la clase obrera o a las clases populares en general. El juego era parte de la identidad de esas clases. «Cuando la pelota saltó de la cancha a los escritorios», como dice Menotti, el fútbol cambió de dueño. Las elites dominantes se lo apropiaron y lo usan como una inagotable fuente de ingresos y una muy eficaz arma política para adormecer conciencias.

Marcos: En concreto, menos fútbol y más negocio especulativo. ¿Ganar dinero como meta?

Ángel: Porque reúne todos los elementos que nos indican el fin de una etapa y el comienzo de otra. Los jugadores del nivel de Messi –pocos en realidad– funcionan como empresas. Exceden ampliamente su carácter inicial de jugador. El PSG es, directamente, una multinacional con ingresos e intereses de distinto origen, Catar entre otros. Y el Barcelona, que no es una entidad privada, pero funciona como si lo fuera (igual que el Real Madrid), actualmente está en bancarrota, cosa que sus dirigentes ocultaron deliberadamente a sus socios. Y es muy difícil creer que Laporta, el actual presidente, no sabía de la situación antes de asumir el cargo. Y más difícil, todavía, no sospechar que utilizó el nombre de Messi para ganar las elecciones, sabiendo que iba a ser imposible que se quedara.

Marcos: También creo que la intromisión de la tecnología en el fútbol es otra referencia del cambio sufrido por este.

Ángel: Sin duda, pero déjame decirte antes que habría que incluir la inocultable corrupción que hay en el fútbol con el dominio de las multinacionales y los hombres de negocio, que no se distinguen, precisamente, por la limpieza de sus acciones. Piensa que es públicamente conocido que Catar sobornó a medio mundo para obtener la organización del próximo Mundial y que impone un régimen prácticamente de esclavitud con los trabajadores que hacen las obras; 6.500 de ellos muertos por falta de protección y tantos otros desastres que ni la FIFA ni ninguna otra autoridad en el mundo tienen en cuenta.

En cuanto a la tecnología que introdujeron como un avance del modernismo, entre otras cosas el VAR, implica un negocio de miles de millones, sin que tenga alguna utilidad. El fútbol es un hecho cultural; la tecnología no hace otra cosa que confundir. Aporta datos que no tienen significado real alguno en el juego. En fin, Marcos, sólo te digo que todos aquellos que disfrutábamos del fútbol tal como era, lo vemos ahora con tristeza.

¡Una cosa nuestra más que pasa a manos de las clases dominantes!

Marcos: Tú crees que es definitivo…, no dejas ninguna esperanza.

Ángel: Sí, siempre la hay. Nos queda decir no. Nos queda la lucha, como siempre. Y los antecedentes, porque siempre han querido matar el fútbol y siempre ha resucitado. Aunque cada vez es más difícil.

Marcos: Bueno, para relajarnos. Tú has sido entrenador en América Latina, Europa y África. ¿Hay diferencias? ¿Lo cultural influye en la práctica del fútbol? ¿Qué es lo que lo hace diferente al europeo?

Ángel: En el fútbol europeo también hay diferencias culturales, inclusive dentro de un país, no es lo mismo un equipo andaluz que un equipo vasco. ¿Por qué esas diferencias culturales? Porque cada persona vive en una cultura determinada con un humor propio, se divierte y odia de una manera particular, se relaciona de una manera característica y juega al fútbol de esa misma manera. Ahora bien, es cierto que la globalización y el intercambio permanente de jugadores han modificado en parte esa situación. Ahora ves un equipo italiano sin jugadores italianos, ¿cómo es esto? Eso sí que ha cambiado. Un equipo inglés tiene uno o dos ingleses jugando y todos los demás son de otro lado, y además hay una mezcla, un africano, un argentino, un colombiano, un chileno, dos no sé qué... todo un crisol de jugadores de distintas nacionalidades y distintas culturas, pero sin duda el fútbol es un hecho cultural. Chile tiene una historia del fútbol y eso se lo transmitió tu abuelo a tu padre y tu padre te lo transmitió a vos y vos se lo transmite a tus hijos, y formas toda una cultura, como cualquier otro hecho cultural. ¿Cómo juega un chileno? Pues de acuerdo a su cultura. ¿Es muy diferente a un argentino? Pues no, pero tiene sus particularidades. ¿Es diferente a un brasilero? Pues sí, ahí sí hay más diferencia. Pero en Argentina y Perú, donde yo dirigí, no hay mucha diferencia, es muy parecido el hecho cultural del jugador argentino y del jugador peruano.

Vuelvo a tu pregunta: ¿Influye la cultura? Claro que influye. ¿Qué pasó en Europa? Como acabo de decir, hay una cantidad de culturas dentro de un equipo que ya no se sabe cuál es la dominante ahí.

MARCOS: En estas diferentes culturas, ¿se podría señalar que el fútbol, a medida que el capitalismo hace su transición digital –el fútbol digital, es decir, el VAR, el *big data*–, termina destruyendo la esencia del juego?

ÁNGEL: No sé si destruyendo, pero sí perturbando. La inclusión de la tecnología es otra maniobra clara del negocio para seguir ganando dinero. La tecnología y el fútbol tienen muy poco o nada que ver. La tecnología aporta datos que no significan nada, porque el fútbol, como hecho cultural, no se puede medir ni comparar. Lo esencial queda fuera de esos datos. Te dicen, por ejemplo, que un jugador dio en un partido 20 pases bien y cinco mal. No te dicen si es mérito o demérito de ese jugador o si su equipo lo ayudaba o no en ese sentido. Y más todavía, no te dice nada de lo más importante: la calidad del pase. Que no sea demasiado fuerte, ni demasiado débil, ni muy atrás ni muy adelante. En definitiva, no te dicen nada importante. Podría darte muchos más ejemplos, Marcos, pero no quiero abrumarte. Creo que con esto es suficiente para contestar tu pregunta.

MARCOS: La habilidad del jugador tiene que ver con su lugar en el campo. Existe una «selección natural».

ÁNGEL: Como le decimos nosotros en Argentina al terreno baldío, en el potrero, el primer entrenador era la naturaleza. Los que eran más hábiles jugaban de la mitad hacia delante; los que eran menos hábiles de la mitad hacia atrás. Nadie decía nada, pero solo te vas acomodando de acuerdo a tus características, porque el fútbol tiene distintos momentos o fases. Se recupera la pelota y se defiende; se gesta la jugada, se crea, y se ejecuta. Hay tipos que tienen la virtud de definir, pero no de defender; otros defienden muy bien, y otros son hábiles para la recuperación, pero no tanto para la gestación de la jugada. Y hay otros que son hábiles para gestar, para armar el juego, pero no tanto para definir o defender. Ahora bien, hay algunos jugadores, muy pocos en la historia del fútbol, que son capaces de jugar en cualquier lado. Yo estuve en el Madrid y Luis Enrique jugaba en cualquier puesto y lo hacía muy bien; no destacaba ni era un fenómeno en cada puesto, pero jugaba de lateral izquierdo, de volante por la derecha, de delantero. Uno dice, ¿cómo puede ser?, pero esos son muy pocos. Ahora, hay puestos donde no hay mucha diferencia. Si vos jugás de defensa central por la derecha o por la izquierda es más o menos igual; si jugás de lateral se da un hecho muy curioso: he visto infinidad de gente diestra jugar de lateral izquierdo, no he visto nunca un tipo zurdo jugar de lateral derecho. Habrá, pero muy pocos. Además, tener un perfil u otro te hace que seas muy eficaz en un lado de la cancha y no en el otro. Pero eso es por naturaleza. Yo no me puedo poner de ejemplo, porque jugué en un nivel inferior, pero da igual, cuando venía un centro para cabecear ofensivamente, con el parietal izquierdo dirigía la pelota, pero del otro lado no. ¿Por qué? No sé por qué. Distintos perfiles, distintas características hacen que puedas ocupar un puesto u otro con mayor o menor eficacia y funcionar dentro de la cancha con mayor o menor rendimiento.

Conozco a dos hermanos, los Milito, Gabriel y Diego. Gabriel es defensor y Diego delantero. Le pregunté a Diego –lo tuve de jugador–: ¿Cómo eran de niños? «De entrada, mi hermano jugaba de defensor y yo de delantero», me dijo. Son características personales que no se pueden explicar.

Marcos: Escuché que en la década de los sesenta, setenta, se decía que el fútbol latinoamericano era inferior al europeo, al menos físicamente. Como tú sabes, en ese momento era una disputa entre Europa y América Latina. Incluso se decía que los mundiales que se jugaban en Europa los ganaban los europeos y los que se jugaban en América Latina los ganaban los latinoamericanos. Pero recuerdo que se hablaba del fútbol latinoamericano como de fútbol inferior, insisto, al europeo, salvo por la parte de la imaginación futbolística. América Latina tenía más imaginación, realismo mágico, y en Europa eran más atletas, más físicos. El futbolista latinoamericano no podía competir con el futbolista europeo porque ellos aguantaban los 90 minutos e incluso estaban educados para eso. Se decía que en América Latina eran más laxos para entrenar, mientras que en Europa había más disciplina. Eso que hoy se entiende y que tú has explicado muy bien, que en vez de jugar se sufría. El fútbol latinoamericano, en la medida en que se fue equiparando al europeo, ¿fue perdiendo su creatividad, lo que eran sus señas de identidad? ¿Qué hay de cierto en eso?

Ángel: Pasolini decía que había un fútbol poético, que era el fútbol latinoamericano, y un fútbol en prosa, que era el europeo.

Marcos: ¡No me digas!

Ángel: Lo dijo en un tiempo que eso era así, pero ya no existe por lo que acabamos de decir. Los jugadores se van muy rápido y han perdido identidad y pertenencia. Cuando uno habla del fútbol europeo, generaliza, y cuando habla de fútbol latinoamericano, también. Cuando uno generaliza comete errores. Porque ¿de qué fútbol europeo se habla, del italiano o del holandés? El holandés siempre fue más creativo, más parecido al latinoamericano. En cambio, el uruguayo es más parecido al europeo en ese sentido. Cuando había campeonatos internacionales de clubes, la Copa Continental de Clubes, hasta la Ley Bosman, ganaban los sudamericanos casi siempre. A partir de esta ley fue que empezó el éxodo masivo de jugadores sudamericanos y comenzaron a ganar los europeos con el aporte de dichos jugadores. Ganaban los europeos fácilmente, porque los equipos sudamericanos estaban totalmente debilitados. En cambio, los equipos europeos estaban muy reforzados, no sólo con jugadores sudamericanos nacionalizados, sino de distintos lugares de Europa. Pero hasta ese momento no. El europeo se fijaba siempre en la técnica y la capacidad creativa del jugador sudamericano, digamos para generalizar. Y en cambio, decían que al sudamericano le faltaba disciplina y formación atlética. Después Europa se dio cuenta de que sólo con eso no podía ganar y aparecieron los Iniesta, los Xavi, que eran los sudamericanos de otro tiempo, junto con Silva, jugadores que físicamente no respondían al estereotipo del musculoso y potente. Pensemos en Iniesta, y sin embargo es un crack. Y al revés, el fútbol sudamericano, como ha perdido calidad porque se le van todos los jugadores, ahora se choca más, se juega más físico, porque hay menos calidad...

Marcos: Perdona que te interrumpa. ¿Qué importancia tiene un entrenador para hacer posible que un jugador mejore su forma de jugar?

Ángel: Muchísima importancia. Eso es igual que las condiciones que necesita un escritor para poder escribir. Vamos a suponer que un escritor tiene una máquina de escribir a la que no le funcionan las teclas, que no encuentra las hojas, que la silla se le rompe, que no tiene escritorio... En cambio, si tiene mejores condiciones, va a poder escribir mejor, pintar o lo que se te ocurra. Un entrenador le da a un jugador las condiciones necesarias, el orden como punto de partida que favorezca la libertad de creación. El orden en el fútbol es igual que el orden en la sociedad, hay uno para la libertad y otro para la represión. Como es un equipo, no un juego individual, hay un orden, un punto de partida; un jugador de primera división juega mejor un partido de esta categoría que uno de solteros contra casados. ¿Por qué? Porque solteros contra casados es un desorden tan grande..., todos corren para acá, para allá, entonces en ese caos es más difícil acomodarse. Además, como dijo Lenin, «no hay arte sin disciplina». Eso le da las condiciones. El entrenador puede alentar que arriesgue, porque para jugar se necesita arriesgar. Gassman decía: «El teatro es riesgo, el teatro sin riesgo no es nada». El fútbol es lo mismo, cualquier juego, si a vos te dan mañana diez mil euros para ir al casino y no querés arriesgar, mejor no vayas. Podés perder, pero tenés que arriesgar. Y en el fútbol, cuanto más sepa un jugador, cuanto más preparado esté, arriesgará con más confianza, con más argumentos. ¿Para qué lo preparamos? Para que tenga más posibilidades de acertar cuando arriesgue, pero no le podemos evitar el riesgo. Hay entrenadores que no permiten arriesgar, les dicen «cuidado con esto, cuidado con lo otro, no regatees, pelota larga, cuidado, no abandones el puesto...», lo llenan de cuidados y entonces el tipo rinde menos. Otros entrenadores, en cambio, cuando el tipo regatea y pierde la pelota, al llegar al vestuario dicen «no importa, mala suerte, otro día te va a salir bien», el entrenador le da confianza para poder arriesgar y, como vos dijiste, si es jugador de primera, se entiende que es un jugador bueno; si no, no llega. Están los que juegan muy bien, los cracks y un par de genios. Bien juegan todos. Si lo aliento a jugar, va a jugar mejor, y si lo reprimo, va a rendir menos. Entonces, ¿qué importancia tiene el entrenador? ¡Enorme!

Marcos: Me parece que estás barriendo para casa (*risas*).
Ángel: No. No todos son iguales, por supuesto, pero déjame decirte algo que me parece es importante. El entrenador tiene importancia en los entrenamientos, pero tiene mínima importancia, yo diría casi nada, en los partidos. En los partidos gritan, dan señas, todo eso para la prensa, para que los periodistas digan que está metido en el partido, porque el jugador no lo puede mirar y jugar al mismo tiempo, y no lo puede escuchar –durante la pandemia de la covid-19 sí, porque no había gente–. Y si lo escucha, no lo entiende ni quiere entenderlo. Es lo mismo que si un director de teatro, cuando levantan el telón, se queda en el escenario y empieza a decir «ahora salí vos», «ahora hablá más fuerte», «ahora tirate un poquito para atrás»; el actor le diría, «escucha, ahora que se levantó el telón soy yo el actor». El jugador de fútbol es igual. ¿Cuándo tiene importancia el entrenador? Durante los entrenamientos. El día del partido aporta algunas cosas, si tiene suerte.
Marcos: El fútbol forma parte de la sociedad y los futbolistas también están sometidos a las mismas presiones; dinámicas de la sociedad, la fama, el poder, con un condicionante porque son chavales jóvenes. La vida del futbolista es relativamente breve, en términos profesionales puede durar 15 años o 20 y sería mucho, profesionalmente hablando. Un periodo corto que se vive muy intensamente. ¿Qué de mito tiene considerar a los futbolistas de primera unos privilegiados, que además pueden hacer lo que quieran? ¿Crees que los futbolistas son unos privilegiados? De algún modo, todos los que nos dedicamos a lo que nos gusta somos unos afortunados, pero eso requiere un esfuerzo, no te lo regalan. ¿Es realmente un privilegio o se desconoce la vida del futbolista siendo profesional? El trabajo, el esfuerzo, la dedicación, los viajes, no estar con la familia… ¿Qué hay detrás del futbolista?
Ángel: Claro que son privilegiados en comparación con otros trabajos. Hacen lo que les gusta y además cobran un dinero muy superior a cualquier trabajador, pero hay que tener en cuenta

que cobran de acuerdo a lo que rinden. El capitalismo no le regala nada a nadie, si te pagan dos es porque rendís cuatro, eso es así. Y por otra parte, los que cobran mucho dinero son una minoría. En España hay unos seis mil jugadores profesionales, ¿cuántos de ellos ganan esas cifras grandiosas? Vamos a exagerar y decir que 300 de seis mil, los demás ganan otra cosa, reciben un buen dinero, pero no esas cantidades astronómicas.

Los jugadores son unos privilegiados, porque hacen lo que quieren, porque tienen una vida intensa llena de emociones, pero también de presiones y de incertidumbre. Igualmente es privilegiado un actor que hace lo que le gusta y quiere y tiene una vida llena de emociones e incertidumbre. Y también es un privilegiado el escritor que hace lo que le gusta y también tiene incertidumbres si puede vivir de su oficio o tiene que trabajar en otra cosa. Bueno, en relación con un peón albañil o quien trabaja en una fábrica, claro que son privilegiados, o en relación con un tipo que realiza un trabajo que no le gusta o un empleado de banco que está todo el día mirando la hora a ver cuándo se va.

Ahora, hay una cuestión reveladora de lo que es el capitalismo. El jugador de fútbol tiene un periodo de actividad medio, digamos, de unos 15 años; algunos tienen asegurado el porvenir económicamente, no todos y no la mayoría, sólo una minoría. Y como el fútbol es muy absorbente y te tiene todo el día metido en ese tema, no podés escaparte, no tenés tiempo para otra cosa. Materialmente tal vez, pero mentalmente no, te lo aseguro. Además, nadie los prepara para cuando dejan de jugar, y dejan de jugar a los treinta y cuatro, treinta y cinco años, cuando todavía son muy jóvenes. Imagínate a un músico que le digan a los treinta y cinco años, «señor, usted no toca más el piano, ahora dedíquese a otra cosa», o un artista plástico o quien sea. Sufren una depresión terrible, porque pasan de una vida llena de emociones permanentes a una vida cero en emociones y en casi todo. Además, cuando juegan, los llama el ministro, tienen ochenta mil amigos alrededor, no les cobra el taxista…

Todo eso mientras juegan y si les va bien. El día que dejan de jugar no los saluda nadie... ni las novias los llaman por teléfono. De golpe, de un día para otro, desaparecieron para el mundo. Nadie se ocupa de prepararlos para ese golpe, nadie los prepara como ciudadanos, como personas. En divisiones inferiores no sólo se debería formar al jugador, también a la persona. Eso sería lo correcto. En cambio, sólo se lo prepara para que rinda y punto, y contratan psicólogos para que rinda más. Eso hay que denunciarlo y señalarlo, porque es muy importante.

CAPÍTULO III
Tarjeta roja al capitalismo

Ángel: Marcos, sabemos que el capitalismo, más que un sistema económico, es un modo de vida, una manera de relacionarnos, de tener ambiciones, en fin, una manera de ser. ¿Cuáles serían para vos entonces las características principales de ese modo de vida capitalista?
Marcos: Yo diría un orden político que genera relaciones económicas, de género, étnicas, religiosas, culturales. Cuando hablas de modo de vida, entiendo que te refieres a los lazos y vínculos que crean las estructuras del capitalismo. Una organización del tiempo de trabajo, de ocio, de producción, de explotación. Todos los tiempos acaban siendo absorbidos por el capital en un tiempo único. Dejamos de ver el sol para medir el tiempo. Los relojes de sol eran inexactos. Las horas no duraban lo mismo, según la estación y fuera más tarde o más temprano. Con los descubrimientos de la física, el tiempo se pudo medir con exactitud. Un instrumento, el reloj, terminó imponiéndose. El capitalismo unificó todos los tiempos, los hizo suyos y así logró ir dividiendo el día en 24 horas exactas, cada una de ellas dedicadas a trabajos diferentes. El tictac es una constante. El tiempo es oro. Para decirlo brevemente, es un orden de dominación y de explotación donde todo se calcula de acuerdo a un fin: la ganancia y el beneficio económico. Por eso capitalismo y democracia no son compatibles. La explotación no puede generar relaciones de igualdad o justicia social, menos aún favorecer la dignidad del ser humano. Ese es el gran descubrimiento de Marx, señalar que el capitalismo son relaciones de explotación del hombre por el hombre. Cuando se menciona el tópico «el tiempo es oro», debemos entenderlo como tiem-

po para producir mercancías, comprar y vender personas, la trata de esclavos, mujeres, niños. Todo se compra y se vende. ¿Qué es si no la corrupción? El señalar que todo tiene un precio, es la mejor manera de identificar a los capitalistas y su afán de acumular riquezas y poder. Hasta el cuerpo humano se ha convertido en mercancía. Tráfico de órganos, sean retinas, riñones, pulmones. Igual que el amor o el sexo, el fútbol se puede corromper. Mira las apuestas y el amaño de los partidos. Ahí se condensa la podredumbre del capitalismo.

ÁNGEL: Una de las características de la vida cotidiana de la gente en el capitalismo es consumir, a todo el mundo se le incita a hacerlo, porque ello se traduce en el capitalismo como ser; yo no soy si no puedo consumir, si no tengo cosas, si no las cambio permanentemente. El progreso en la vida se entiende dentro del capitalismo con que yo tenga una vivienda cada vez más grande, un coche cada vez más moderno, una casa de vacaciones, etc. Es una característica también del capitalismo, porque al referirse a mercancías hablamos de cosas que no necesitamos, no son imprescindibles para vivir, pero sí para la ilusión de ser.

MARCOS: Sí, por supuesto. Somos según lo que tenemos. Esa es una de las máximas del capitalismo. Y los deseos son infinitos, lo único que los limita es el dinero. Tanto tienes, tanto vales. La riqueza se expresa en tus posesiones. Casas, coches, aviones, yates. Eso mide el capitalismo. No funda relaciones sociales basadas en el bien común, sino en el beneficio personal. La propiedad privada como fuente de riqueza. Parafraseando a Adam Smith, el teórico del liberalismo económico, nos recordaba que «no es de la benevolencia del carnicero o del panadero de donde obtenemos nuestra cena, sino de sus propios intereses. Ellos no intentan promover el interés general o el bien común, sólo los mueve su beneficio y su propia seguridad».

El egoísmo como fuente de la riqueza de las naciones. Y, claro, eso supone depresión, enfermedades derivadas de las desigualdades sociales, de la explotación, de la sensación de frustración y fracaso. Ese deseo de poseer permea toda la sociedad capitalista. ¿Qué son si no los celos? «La maté porque era mía.» La violencia de género, pero también la violencia del capital contra la naturaleza, el medioambiente, la destrucción del planeta. El capitalismo arrasa con todo. Las necesidades, decía Marx, no sólo se crean en el estómago, también están en la mente. Deseo cosas y cuantas más mejor. Un síndrome de Diógenes, creo que el capitalismo lo padece. Acaparar, acumular, desear mercancías. Mira en el fútbol o en otras actividades como la bolsa y la especulación financiera, por poner dos ejemplos. Futbolistas cuyos sueldos son de escándalo compran aviones, yates, coleccionan coches de lujo. Gastan y lo hacen público, esa es la condición. Ostentar la riqueza. Lo muestran como señal de éxito. Y los brókers ídem de ídem. Cenas, viajes, propiedades, obras de arte, etc., ambos viven y practican el lujo. Así vive el capitalismo. El personaje creado por Walt Disney, en España Tío Gilito, en América Latina Rico Mc Pato, es la mejor representación de la personalidad del capitalista y del millonario. Se baña en su oro, en sus monedas, es egoísta, menosprecia a los pobres y no tiene ningún empacho en engañar, mentir, si a cambio gana más dinero. Amasar dinero y tener propiedades, eso marca el éxito o el fracaso en el capitalismo. No son la dignidad, la solidaridad, la cooperación, la justicia social o la democracia.

Ángel: Y genera también un tipo de moral, la social y la individual. ¿Qué es lo que está bien y lo que está mal dentro del capitalismo? Está bien ser rico y famoso, no importan los medios; por lo tanto, hay una moral distinta, una moral social y una individual.

Marcos: Claro, esa es la lógica. Te contaré un relato que se popularizó en Chile tras el golpe de Estado que derrocó a Salvador Allende el 11 de septiembre de 1973. Los últimos meses de gobierno se caracterizaron por el acaparamiento y un desabastecimiento de productos de primera necesidad. Se trataba de crear un estado de ánimo favorable a una intervención militar.

Las empresas y los empresarios no distribuían alimentos, repuestos, etc. En medio de la represión, un sacerdote que se ocultaba en una población de chabolas, favelas o cachampas, como queramos nombrarlas, habló con uno de sus feligreses, un trabajador precario. El sacerdote, deprimido y serio, conocedor de las torturas, las desapariciones, los asesinatos, le preguntó: ¿Qué tal estás? La respuesta lo dejó helado. «Estoy bien y contento, ahora hay de todo». El cura, incrédulo, le responde: «Han matado al presidente Allende, han bombardeado La Moneda, están deteniendo a tus compañeros, a ti te han despedido, no te entiendo. ¿Cómo es que estás contento?». Y el feligrés volvió a responder: «Bueno, pero con la Unidad Popular faltaban productos, no había mercancías, yo no podía comprar todo lo que quería». El sacerdote, ya molesto, le preguntó: «¿Y ahora puedes comprarlo?». La respuesta no se hizo esperar: «No, no puedo comprarlo». «Pero ¿entonces? No te entiendo», dijo el cura, a lo cual respondió: «Efectivamente no puedo, pero ahí están, los puedo ver, algún día podré, y eso me hace estar feliz y contento». Esa es la gran batalla que ha ganado el capitalismo, hoy no puedes acceder a un coche de lujo, un yate o un chalet, pero, si te esfuerzas, algún día serán tuyos.

Ángel: La gente, dentro del capitalismo, cura sus problemas psicológicos, de depresión y de angustia, yendo a un supermercado, a un *shopping*, va a comprar, y eso le genera un instante mínimo de reparación de todos los problemas que tiene. En verdad es una ilusión pasajera, porque no repara nada ciertamente. Es curioso, la gente va con las familias el fin de semana a pasear por el centro comercial, mira las tiendas, las cosas… Cosas que generalmente no puede comprar, pero están ahí y las mira un rato.

Marcos: Sí, y hoy lo vemos expresado exponencialmente. Retomo el argumento del tiempo del capitalismo, como tiempo de explotación, producción y reproducción del capital. Hasta la revolución industrial y tal vez a partir del capitalismo mercantil, el ocio fue considerado una peste. Una actitud propia de gañanes, ladrones y gentes de malvivir. Así nacen las leyes contra vagos y maleantes. A medida que el capitalismo va generando sus propias relaciones culturales y las luchas sociales, los sindicatos logran disminuir la jornada laboral, generar derechos políticos y ciudadanos, el capitalismo cambia su concepción del ocio, ya no es un vicio, es una virtud que se puede incorporar a su tiempo. Disfrutar de las vacaciones, de las fiestas, ir al cine, al teatro, el descanso dominical. La clase obrera, las clases trabajadoras pueden gastar en ocio. Es la sociedad de masas que se expande. El capitalismo vende el ocio, lo hace suyo. El ocio como mercancía. Los deportes, sea el que sea, son fagocitados como parte de la sociedad capitalista. Así nacen los espectáculos, las construcciones para albergar grandes masas, los espacios públicos se redefinen. Zonas verdes, centros comerciales, etcétera.

Ya que hablamos de fútbol, lo que era un juego en el barrio, entre amigos, en los colegios, entre los trabajadores de una empresa y sus equipos, se profesionaliza. Se trasforma en un espectáculo de masas. Se construyen estadios para albergar a los aficionados. Pero había un hecho diferencial con respecto a nuestro tiempo: se jugaba los domingos. Hoy no hay descanso. Cualquier día de la semana es bueno. Ya no es una actividad de ocio, es un negocio del cual participan medios de comunicación, fabricantes de material deportivo, banqueros, empresarios variopintos, desde el sector de la alimentación hasta los fabricantes de coches.

Por otro lado, el ocio capitalista también se apodera de la división de sexos. La mujer y el hombre lo consumen y viven en función de las relaciones patriarcales. Ya se encargan de repetir las funciones que deben cumplir un hombre y una mujer en la familia, cuál es su lugar, sus trabajos, y cómo disfrutar de su tiempo libre. Otra manera de llamar al ocio. Sólo recordar los anuncios publicitarios donde el hombre, cansado, llega a casa y la mujer lo debe recibir como a un guerrero que ha cumplido su tarea, la de llevar el jornal. Por ello debe ser recompensado. Mesa puesta, sumisión, cariño, ser buena amante y no rechistar. Él puede hacer y deshacer; ella desea que la saquen a pasear, le den un beso, le den un poco de amor, con eso se conforma. De paso tenemos el tópico: «Soberano es cosa de hombres» y «No me gusta que a los toros te pongas la minifalda». Así, la explotación en el trabajo del capitalista lo compensa la mujer en casa, diciendo sí a todo. Es cierto que eso, por suerte, está cambiando.

Así, las frustraciones del capitalismo se trasforman en enfermedades que afectan con mayor intensidad a las clases trabajadoras, que sufren la explotación, las desigualdades y la injusticia social. Los infartos, el estrés, la depresión, la bulimia, la anorexia, la obesidad, son parte de sus consecuencias. Contratos basura, incertidumbre, pobreza energética, sueldos de hambre, se combaten con compras compulsivas, esa es la salida que te ofrece el capitalismo. Un corte de pelo, una cena. Según sea el poder adquisitivo, las frustraciones se satisfacen con deseos más caros. Viajes, cruceros, masajes, operaciones estéticas. Pero la clase obrera, los trabajadores, no pueden darse el lujo de esos placeres. Para las clases trabajadoras se han inventado las tiendas de «todo a un euro». Es una conducta propia del capitalismo. Soy el culpable de mi situación, no lo es el sistema de explotación. La frustración se puede llevar cambiando la apariencia exterior. Comprando una camisa, una corbata o yendo a la peluquería.

Ángel: Pero es una satisfacción falsa.

Marcos: Claro, pero te produce placer, aunque sea momentáneo y falso. Podemos reducir las pretensiones de felicidad al hecho de comprar una camisa o tomar una Coca Cola. Y qué decir de los fármacos, las pastillas contra la depresión, para subir el ánimo, mitigar el dolor social. Son salidas falsas, pero te puedes evadir por un tiempo. Es la felicidad que te ofrece el capitalismo. La tomas o la dejas. El consumo de analgésicos y oxicodona se ha generalizado como un mecanismo de defensa contra el dolor social y las múltiples enfermedades producidas por la presión de tener éxitos, no fracasar y ser un triunfador.

ÁNGEL: El capitalismo es una sociedad jerarquizada, muy jerarquizada, de acuerdo al dinero que tengas. Es lo que mide si vales o si no. «Tanto tener, tanto valer», decían en Argentina. Dentro del capitalismo, tanto tienes, tanto vales, es otra de las características también. No se analiza la persona, sino lo que tiene, en función de ello es más o es menos.

MARCOS: Sí, pero hay un hecho diferencial. No basta con tener bienes o dinero para convertirse en miembro de la clase dominante o de la elite que toma decisiones políticas. Tener dinero sólo acredita que eres rico. Lo podemos ver en todas las profesiones. Arquitectos de prestigio, médicos de éxito con mucho dinero o, en el fútbol, jugadores que han hecho fortuna e incluso tienen negocios propios. Raúl, Piqué, Cristiano Ronaldo, Messi, por citar cuatro, pero no tienen el poder político que tiene un Florentino Pérez, seguramente con menos dinero propio, pero con más poder. Podrán convertirse en empresarios, pero no formar parte de la elite en el poder.

ÁNGEL: Por supuesto, pero sí la valoración social. Y, además, a quienes acceden al grupo de los adinerados les crean la ilusión del poder. La falsa ilusión del poder, porque son los Florentinos los que deciden.

MARCOS: Claro, por eso es una sociedad jerarquizada, de clases y diferenciada según el lugar que se ocupa respecto a la propiedad o no de los medios de producción. Es la contradicción capital-trabajo. Por eso a la derecha, mientras está en el poder, no le importa la crítica, ni reclama espacios democráticos. No los necesita. Pero cuando pierde elecciones y es desplazada del poder político, inicia la conspiración para derrocar a los Gobiernos populares. Mira los golpes de Estado en Paraguay, Honduras, Chile. Los ejemplos sobran. Por eso el capitalismo es un hecho político, una organización destinada a explotar y obtener beneficios. Un orden de dominación. Las clases trabajadoras, en el capitalismo, serán siempre clases dominadas y explotadas. El capitalismo es jerárquico por definición. Unos mandan y otros obedecen.

ÁNGEL: Esa relación, Marcos, se traslada a todas las relaciones, la relación de pareja, de padres a hijos, de hombre a mujer, todas son relaciones de dominación.

MARCOS: Sí, dominación entendida en términos de un poder asimétrico, a diferencia del socialismo que es una relación de poder simétrico. El capital explota la fuerza de trabajo, el hombre explota a la mujer, el hermano mayor al hermano menor. La explotación y el poder de dominación son actos de violencia, encubiertos con palabras como competitividad, libertad de mercado o méritos personales. La violencia del capital, la violencia del poder consiste en que te obedezcan de forma rápida y disciplinada, sin rechistar. Un capitán manda a un sargento, un sargento no manda a un capitán. Tú lo has expresado con claridad, el capitalismo es una relación jerárquica: «Yo mando y tú obedeces». Los zapatistas en México han acuñado una expresión para definir relaciones igualitarias: «Mandar obedeciendo».

ÁNGEL: Cuando yo trabajaba en el Real Madrid, figuraba como segundo entrenador. Entonces cuando hacía declaraciones se alarmaban y se irritaban, porque «¿cómo un segundo va a hablar?, ¿cómo se atreve a alterar este orden?». Era increíble. Lo viví en ese momento, y más que lo que yo decía o dejaba de decir, era que me atrevía a hablar. Esa jerarquización estaba subvertida debido a que el segundo hablaba, eso es clarísimo. Te confieso que yo disfrutaba mucho.

MARCOS: Claro, es esa la forma que tiene el poder de decirnos: usted está bajo mis órdenes y no hable si no le autorizo, y cuidado con lo que dice. Todo va en el mismo paquete. Por eso, la democracia se distancia de esta concepción. Se trata de mandar obedeciendo. Es una forma de vida, un compromiso, su principio articulador es el bien común, los valores éticos y el sentido de responsabilidad. En democracia no se puede hacer cualquier cosa amparándose en la libertad individual, de empresa o libre mercado. No se pueden tirar residuos tóxicos en un lago, por ejemplo. Tampoco se pueden verter plásticos en el mar, ni que las empresas madereras acaben con las selvas tropicales o que se hagan safaris para matar animales, en definitiva, exterminar especies, privatizar las aguas, los bienes esenciales o hacer de la sanidad un negocio, etc. En esta dinámica, debemos recordar cómo el capitalismo utiliza los mecanismos de alienación y enajenación como método para ejercer la violencia. Ahora es más sutil en sus formas: prefiere el despido libre, la flexibilización laboral a la esclavitud, los cepos, pagar en fichas.

Ángel: Tuvo que ir cediendo para poder seguir dominando de otra manera.

Marcos: Te sigo en el argumento. Fueron concesiones, si utilizamos este término, producto de las luchas sociales, las reivindicaciones, las huelgas, muchos mártires que dieron su vida por trasformar el mundo en la lucha anticapitalista. A veces se olvida.

Ángel: Vamos a hablar ahora de la libertad dentro del capitalismo. El concepto de libertad que sostiene y que maneja la gente en general.

Marcos: Benjamin Constant, filósofo que vivió a caballo entre el siglo XVIII y principios de XIX, escribió un ensayo que ponía las cosas en su sitio, *La libertad de los antiguos y la libertad de los modernos*. El diferenciaba la libertad de los antiguos, que identificaba con la participación, la representación de los ciudadanos en la asamblea, en su capacidad para decidir la guerra y la paz, el nombramiento de las autoridades, los impuestos, las sanciones, en fin, todo lo que competía a la polis. Se trataba de una libertad política asentada en la práctica, en participar de las decisiones colectivas. Era una libertad construida para hacer cosas. De allí la importancia de la palabra, de los discursos, de convencer. No resulta extraño que los sofistas y demagogos se hicieran fuertes como destructores de la democracia. Eran los liberales de la época. Así, Benjamin Constant se preguntaba en contraposición ¿en qué consiste la libertad de los modernos? Su respuesta no deja dudas. Son derechos abstractos, que pueden no llegar nunca a concretarse, pero están en códigos. Libertad de reunión, de expresión y de asociación. En otras palabras, es una decisión del individuo reunirse, asociarse o expresarse. En términos sociológicos, sería el vínculo que somete a los individuos al derecho. Georg Simmel, padre de la sociología, llegó más lejos al señalar que la «libertad contemporánea desciende a cero cuando se descubre su significado». Y Émile Durkheim, otro padre de la sociología, no tuvo remilgo en señalar que «cuando uno quiere practicar la libertad, se da cuenta de su imposibilidad de realización». El poder, la dominación, es el factor que define la libertad. Tu libertad no termina cuando empieza la mía, eso es una falsedad. Tu libertad y la mía están mediadas por el derecho. Si no, de qué se define desde la propiedad privada. Más que de libertad, hablaríamos de la soledad del individuo como una forma de existencia donde la libertad es lo que te deja el capitalismo para moverte en sus redes, que desde luego controla, pero que te hace sentir libre.

ÁNGEL: Cuando te dicen, ya lo has mencionado, «la libertad de cada uno termina donde empieza la libertad de los demás», lo que te están presentando es que la libertad de los demás limita mi libertad, es un obstáculo que me ponen. La libertad del otro es una barrera; en cambio, para el socialismo, para una sociedad distinta, la libertad de cada uno empieza con la libertad del otro. Yo no soy libre si los demás no son libres. En el capitalismo no. Yo soy libre y si los demás lo son o no me importa un comino. Y, además, yo soy libre en el capitalismo en la medida del dinero que tenga, que es lo que me permite la libertad. ¿Qué libertad puede tener un tipo al que no le alcanza el sueldo ni para ir a tomarse un café a la esquina? Ninguna.

MARCOS: Lo que tú señalas es completamente cierto. En el socialismo, la libertad, en el ámbito social y colectivo, va vinculada al concepto de dignidad. El hambre no puede ser una opción, la desigualdad no es un asunto de libertades individuales, tampoco la enfermedad, la vivienda, leer y escribir. No es concepto abstracto. ¿Cómo puedo ser libre si mis iguales están muriendo a consecuencia de la explotación, la desigualdad social? Ir a los contenedores de basura para encontrar comida, productos caducados, dormir en la calle, no pueden ser parte de una definición de la libertad. ¿Libertad para morirse de hambre? En el capitalismo, la libertad se reduce a derechos abstractos, siempre reprimidos si no son utilizados en la dirección que se quiere.

Ángel: El derecho dentro del capitalismo dice: «Todo el mundo tiene derecho a una vivienda, a una educación». Esa es la teoría. En la práctica no se cumple.

Marcos: No te equivocas, eso es verdad. Tener el derecho no garantiza su ejercicio. Tienes derecho al trabajo, pero hay millones de ciudadanos en paro. Tienes derecho a una vivienda digna, a la sanidad, a una educación de calidad, pero la gente se muere en las listas de espera, los jóvenes no pueden acceder a la universidad por los costes. La lista es larga.

Ángel: Claro, yo también tengo derecho a ser el número 9 del Barcelona, pero no lo soy.

Marcos: Claro, Ángel, pero un derecho no significa su realización. En sentido contrario, podemos tomar el ejemplo de Cuba. En su constitución no dice que todos tengan derecho a la educación, a una vivienda, etc…, sino que expresa que: «El Estado tiene la obligación de proveer al ciudadano de una vivienda, de educación». Tener el derecho no significa ejercerlo. Tenemos la libertad de reunión, pero ¿tú te reúnes siempre?; tenemos la libertad de expresión, pero ¿nos expresamos? No.

Ángel: A propósito de Cuba, un día un amigo que estaba en paro la criticaba porque no dejaban viajar a la gente al exterior. Entonces le respondí: «Pero cómo decís eso, si no podés ni viajar de un barrio a otro, no tenés dinero ni para eso. Vos tenés el derecho de viajar, pero no podés, porque el derecho que figura en la constitución es teórico, nada más».

Marcos: Lo que te está diciendo el capitalismo es «puedes desear todo lo que te apetezca, otra cosa es tenerlo». Eso que se puede identificar con el sueño americano, el sueño de no tener nada y poder llegar a tenerlo todo. Vamos, el cuento de la lechera. No es toda su fortuna, es el primer centavo ahorrado lo que te hace rico. Mi primer centavo me dio intereses, aumentó mi capital. Tengo habilidad para los negocios. Con mi esfuerzo y perseverancia he amasado una fortuna. No le debo nada a nadie. Es justamente desvincular la riqueza de la explotación, de las relaciones sociales de dominación capitalista lo que alienta esta mentira de ser libres. Por retomar tu ejemplo del fútbol: «Yo quiero ser el 9 del Madrid, por llevarte la contra, y no del Barcelona» (*risas*); no lo voy a ser nunca, pero ahí está la posibilidad. También podría haber llegado a ser presidente, astronauta, juez de la Corte Suprema, etc., pero tomé malas decisiones, por eso fracasé. Soy el único culpable de mi destino. Haber nacido en una chabola, no poder ir a la escuela, padecer enfermedades propias de la pobreza, vivir estigmatizado como pobre, un paria, no tiene nada que ver. Vamos, que en el capitalismo no hay clases sociales. Todos somos iguales y tenemos la misma libertad.

Ángel: Hablando de fútbol, por eso ponen de ejemplo a los triunfadores, no solamente del fútbol, de todos los deportes, como diciendo ¿ves cómo este chico llegó a ser lo que es? Gran figura, tiene dinero, se compra un avión. Vos también podés. El mensaje es ese. Pero resulta que de mil jugadores llegan dos, igual que en el resto de la sociedad. Aun así lo utilizan para que veas que es posible. Como el general negro de Estados Unidos, que siempre tiene un general negro. ¿Ves que los negros también pueden llegar a general?

Marcos: Por eso el concepto que hoy encubre el neoliberalismo se asocia al «sí se puede», al empoderamiento. Ese «podemos» que es falso y que se asienta en el pensamiento positivo. Aprovecha la crisis, es una oportunidad. Claro, me han despedido, no tengo desempleo, estoy hipotecado, me desahucian, pero qué importa, soy libre: «sí se puede», porque eres emprendedor, el mundo te pertenece, «deshazte de todo lo que te moleste y que te impida llegar a tu meta». Lo que aparece es el interés particular, «quiero llegar a la meta, sea como sea. Mintiendo, engañando, aprovechándome del más débil, todo vale».

En la universidad siempre me topo con esta visión egoísta. Cuando un estudiante saca un sobresaliente y otro un notable, el estudiante que obtuvo la nota más baja pide una tutoría. Una vez en el despacho, comienza su retahíla. Merezco un sobresaliente, usted le puso mejor nota a fulano que me copió. Suelo mirarlos cara a cara y les digo: ¿le has dicho a tu compañero que ibas a venir a verme para decirme que ha sacado una nota que no le pertenece, porque te copió en el examen? Competitividad, egoísmo y falta de solidaridad y doble moral. Se amparan en el secreto, la confidencialidad. Es doble moral del capitalismo: «Si a ti no te pillan, puedes hacer lo que quieras». Así estamos llenos de escándalos. Diputados homófobos descubiertos en orgías gais, un rey emérito corrupto hasta la médula, mujeres provida abortando, y qué decir de lo que ha pasado con las vacunas contra la covid-19, políticos de toda condición y pelaje, curas, alcaldes, diputados, ministros, en fin, todos actuando bajo un mismo principio: «Sálvese quien pueda, pero yo el primero». Mucho egoísmo y doble moral.

ÁNGEL: El ejemplo que vos me diste de la universidad con ese alumno que dice que le copian, yo lo tuve en el fútbol también. Cuando yo empecé a entrenar, los jugadores no me conocían, entonces se animaban a ciertas cosas. A un jugador lo quité de titular y puse a otro. Entonces me vino y me dijo: «Le quiero decir que yo no estoy acá para perder plata, ¿por qué no juego?». Le contesté, bueno, después lo hablamos. Y delante de todos dije: «¿Alguno de ustedes está acá para perder plata, para perder dinero?». Los jugadores dijeron: «Nooo». Entonces me dirigí a él: «Mirá, ninguno de los demás puede perder plata, entonces lo lamento mucho. Si alguien me llegara a decir que sí, jugabas vos, pero, viste, nadie está aquí para perder dinero, así que lo lamento» (*risas*). Fijate la mentalidad, yo no puedo dejar de jugar porque no estoy para perder plata, ¿y los demás sí?

CAPÍTULO IV
La propiedad privada se presenta a la afición

ÁNGEL: Hoy teníamos que hablar del capitalismo como sistema económico, como dirías vos, Marcos, como orden de dominación y explotación. Tengo algunos temas a partir de los cuales podemos ver qué significa el capitalismo como sistema económico. Para empezar a hablar te propongo: la propiedad privada, como algo sagrado. Estamos hablando de la propiedad privada de los medios de producción, no de lo que se difunde en la sociedad. Como dijo una escritora argentina cuando el Gobierno quería expropiar a la empresa de granos Vicentin: «Empiezan expropiando esas empresas y terminan expropiando nuestro departamento de 40 metros». Se trata de la propiedad privada de los medios de producción, insisto. Y, además, de algo que yo creo que es muy importante, Marcos, de la propiedad privada de empresas que han sido privatizadas, empresas que son de servicios públicos como la energía, el gas o el agua, que no tendrían por qué ser un negocio ni dar ganancias. Me gustaría que hablases de este tema.

MARCOS: Cuando hablamos de la propiedad privada me vienen a la mente tres autores, una mujer y dos hombres. Hannah Arendt, Jean-Jacques Rousseau y Karl Marx. Arendt señalaba en su obra *La condición humana* la doble vertiente del significado de la propiedad privada. La primera, aquella que nos vincula con nuestras posesiones, lo que tenemos. Esta primera acepción es la más común, pero hay otra, menos visible o, mejor dicho, oculta, cuyo mensaje es advertirnos de lo que carecemos, lo que nos está prohibido disfrutar. Un ejemplo: diariamente nos podemos topar con carteles que nos advierten de lo que no es nuestro. ¡No pasar! ¡Propiedad privada! ¡Coto privado de caza! El mensaje es claro: esto no te pertenece y no estás autorizado para su disfrute. Si pasamos a Rousseau, en su *Discurso sobre el origen de la desigualdad de los hombres* estipula que su germen se encuentra en la primera persona que dijo «¡esto es mío!», puso vallas y alambre. En otros términos, se adueñó mediante la violencia de bienes que hasta ese momento eran comunitarios: bosques, ríos, tierras, etc. Y por último, Marx, en su obra *El capital*, el concepto de la propiedad privada lo lleva al terreno de la lenta enajenación y trasformación del trabajador que vende una mercancía, su fuerza de trabajo en el mercado, ya no como esclavo, sino como hombre libre. Desposeído de los bienes de producción, sólo le pertenecen su cuerpo y su fuerza de trabajo; esta última, una mercancía que puede ser comprada y utilizada por su comprador a destajo. Y una vez que la vende, ya no le pertenece, su propietario es quien pagó por ella y por su utilización. Y tiene una peculiaridad, produce un plus que le permite a su comprador obtener beneficio. Ese es el concepto de plusvalía o plusvalor. Obtengo una ganancia cuando la hago producir y trabajar para mí. De allí que dirá que los trabajadores sólo tienen su fuerza de trabajo, que venden en el mercado, donde el capitalista la compra y usa a discreción. Explotados y explotadores. Es la peculiaridad del capitalismo. Y este descubrimiento de Marx, relaciones sociales de explotación, fue lo que encolerizó a la burguesía y los empresarios. Los desnudó. Les dijo a los capitalistas lo que eran, unos explotadores, no unos mecenas ni dadores de empleo. Se limitaban a producir y reproducir las relaciones sociales donde cumplían la función de valorizar y recrear el modo de producción capitalista bajo la contradicción capital-trabajo.

Ángel: Una cosa importante de la propiedad privada es eso de lo público contra lo privado.

Marcos: Claro, pero aquí nuevamente prima la confusión. Lo público y lo privado están unidos. Son las dos caras de una misma moneda. Lo privado está definido, al igual que lo público, como perteneciente al espacio social donde coexisten; es decir, en una sociedad, en nuestro caso el sistema capitalista. En su interior se definen sus funciones, sus particularidades y sus límites. Las constituciones de Estado social de derecho señalan que la propiedad privada, cuando se trata de empresas, instituciones financieras, bancos, debe cumplir una función social, de lo contrario podrá ser expropiada. Eso sí, dentro de una economía de mercado. Ejemplos, muchos. En la Unión Europea o Estados Unidos se decidió rescatar la banca privada y dejar caer unos cuantos bancos antes que nacionalizar. Se dio dinero público bajo ese criterio de función social; eso sí, escamoteando a los ahorradores sus fondos. Muchos perdieron todos sus ahorros. Tomemos otro ejemplo. En el Gobierno de Felipe González se decidió expropiar el *holding* de Ruiz Mateos (RUMASA). Galerías Preciados y sus propiedades pasaron a ser bienes públicos. Las sanearon y luego vendieron al mejor postor, que resultó ser un amigo de González, el venezolano golpista Gustavo Cisneros, quien luego las volvió a vender. Todo un negocio. No ha sido el único caso. El rescate de las autopistas por el Gobierno de Rajoy. En fin, hay muchos ejemplos. Se sanea y se pone a la venta. Un desastre desde el interés general y, consiguientemente, de lo público. Pero vivimos en el neoliberalismo y la era del capitalismo digital. La economía de mercado por sobre el bien común; lo privado por sobre lo público. O mejor, lo público como la hucha del capital privado, de donde obtiene pingües beneficios. Así, observamos hoy que se entregan al capital privado para su gestión y beneficio la salud, la educación, la vivienda, los parques, el transporte público, etc. Todo servicio que a través de nuestros impuestos hemos ido forjando se entrega a empresarios especuladores para destruir el espacio público común, privatizarlo y convertirlo en un negocio.

Ángel: Dentro de eso que decís, de eso que nos pertenece, el agua es algo que nos corresponde a todos y es un servicio esencial para la vida; la electricidad, el gas, los recursos naturales de un país, la minería en el caso de Chile, el petróleo en Venezuela, el gas en Bolivia, el acuífero guaraní, todo eso nos pertenece a todos, no hay por qué privatizarlo, ¿no?

MARCOS: Hace 30 años, si decías que ibas a privatizar el agua se hubiesen reído en tu cara. Hoy es una realidad, pertenece a compañías privadas. En Chile, Endesa, en Colombia, Aguas de Barcelona, se han convertido en propietarios de lagos, ríos y acuíferos. Además de ser los gestores de la electricidad y megaproyectos. Mira, hablando de fútbol, en esa tenemos a Florentino Pérez, presidente del Real Madrid. Su grupo ACS-Cobra ha causado en Guatemala desastres ecológicos y humanos graves. Ha privatizado 30 kilómetros del río Cahabón, impidiendo que el pueblo quekchí que se nutría de sus aguas lo pueda hacer. Ha violado el tratado 169 de la OIT de pueblos indígenas. El caso lo han llevado a la Corte Interamericana de Derechos Humanos y a la propia OIT. Mientras tanto, las obras no paran, se reprime, criminaliza e intimida a sus representantes. ENDESA en Chile ha cometido etnocidio contra el pueblo pehuenche en la construcción de la represa de río Ralco en el sur del país. En cuanto a las nacionalizaciones de las riquezas básicas, ha sido una constante de los Gobiernos populares en América Latina, pero también de las burguesías nacionalistas. Ya expuse el caso de Ovando y la Gulf en Bolivia y tú me recordaste el de Perón en Argentina. Tal vez un caso destacable fue la nacionalización del canal de Panamá con los Acuerdos Torrijos-Carter. Pero la nacionalización de la United Fruit Company en Guatemala por Jacobo Árbenz tuvo como respuesta el golpe de Estado en 1954 y la intervención de la CIA. Y sólo otro caso, cuando Lázaro Cárdenas nacionaliza el petróleo en México, Estados Unidos intentó otro golpe de Estado e incluso apoyó a sectores fascistas mexicanos para derrocarlo. Hoy las materias primas y nuevos minerales han ampliado la sed de ganancias y privatizaciones en América Latina, donde las plutocracias obtienen su parte del botín, desnacionalizando y empobreciendo a sus países.

ÁNGEL: Una anécdota. La primera vez que Argentina le ganó a Inglaterra en fútbol fue en Buenos Aires. Ganaba Inglaterra

0-1 y Ernesto Grillo empató con un gol extraordinario. Después hubo otros dos goles y acabó ganando Argentina 3-1. Entonces un periodista escribió: «Perón nacionalizó los ferrocarriles y Grillo el fútbol».

MARCOS (*risas*): Retomando las nacionalizaciones, quisiera traer a colación un caso muy significativo que causó un golpe de Estado urdido por dos servicios de inteligencia, me refiero al perpetrado por el M16 británico y la CIA en 1953 en Irán. Se trataba de imponer a Reza Pahleví, más tarde coronado sah. Todo para desplazar del poder al presidente constitucional democráticamente elegido Mohammad Mosaddegh, quien decidió con el parlamento la nacionalización del petróleo. Fue la primera ocasión en que la CIA actuó en el extranjero. La conspiración fue conocida como «Operación Arranque». El argumento fue el ya manido de estar en presencia de un Gobierno comunista contrario a los intereses de la libertad. Winston Churchill, primer ministro de Gran Bretaña, y Eisenhower, en Estados Unidos, fueron sus impulsores. La moraleja: el imperialismo actúa inmisericorde cuando sus intereses corren peligro, sobre todo si se trata del abastecimiento de materias primas para su desarrollo y expansión. Es lo que ocurre en Venezuela. Es nacionalizar, declarar la soberanía y el derecho de control de las materias primas y comenzar a urdir procesos desestabilizadores. ¿Los argumentos? Los de siempre.

ÁNGEL: Eso es, Marcos; con la complicidad además de las oligarquías vernáculas, que, para vender los bienes públicos, eran y son sobornadas impunemente. Pero siempre, para vender lo que era de todos, los bienes comunes, elogiaban la eficacia de la propiedad privada y decían: «De esta manera va a funcionar mejor y van a bajar los precios». Siempre con esa mentira para privatizar lo que era de todos.

MARCOS: El argumento no es nuevo. Hoy se reedita bajo un discurso privatizador de achacar ineficacia a la gestión pública frente a la eficacia del sector privado. Una gran mentira que se desmorona con la prueba de los hechos. ¿Cuántas veces debes llamar al servicio de atención al consumidor para que te de respuestas por retrasos e incumplimientos de contratos? Atención deficiente en restaurantes, tiendas, fraudes, engaños, cobros abusivos. Clínicas privadas donde se cometen auténticas barbaridades, con precios exorbitados y tratamientos de dudosa práctica ontológica. Los casos de negligencias médicas, en clínicas privadas, es impresionante. Universidades privadas cuyo único fin es el negocio. Ni excelencia ni sentido público. No es extraño que se los considere clientes, no pacientes ni estudiantes. Y, por otro lado, cuando se han privatizado servicios, como son los de catering para hospitales, residencias de ancianos, derivan en picarescas. Baste ver cómo actuaron las residencias con la pandemia. Ahí se han desnudado sus vergüenzas. Miles de muertos por falta de atención, escasez de recursos, sin médicos, enfermeras, personal de apoyo, etc. Empresas de residuos tóxicos contaminando los recursos hídricos y parques naturales. Bancos que cobran comisiones abusivas o engañan a sus ahorradores, baste recordar las preferentes. Empresarios que descapitalizan, pagan en dinero negro, defraudan a la Seguridad Social... Podría seguir y no terminaríamos. El ejemplo del presidente de la CEOE, Gerardo Díaz Ferrán, que termina en la cárcel por desvío de fondos, venta fraudulenta y delitos a la hacienda pública. ¡Era el presidente de los empresarios de España! Pero no abrieron la boca. Y no es el único caso, la lista es interminable. Pero, curiosamente, se mantiene viva la mentira de transparencia y buen hacer de los empresarios. El tópico de esto no pasaría en la empresa privada, se utiliza para degradar el servicio público. Por el contrario, ¿cuántas veces hemos escuchado que los funcionarios públicos son unos vagos? Funcionarios son los bedeles, los médicos, las enfermeras, los bomberos, los policías, los secretarios de juzgados, los inspectores de trabajo, los guardas forestales, fiscales, jueces, maestros. Todos aquellos que trabajan en el sector estatal. Son muchos quienes sufren insultos y de paso son estigmatizados como unos privilegiados y ociosos.

Retomando la última parte de tu afirmación, siempre para corromperse un poco más. Te recuerdo que nuestras oligarquías, educadas en Londres o en París y que ya viajaban a Estados Unidos, eran los administradores de las grandes multinacionales y casas comerciales europeas afincadas en Ciudad de México, Buenos Aires, Santiago, Lima o Caracas. Muchos de sus empleados cipayos llegaron a ser presidentes, ministros, diputados. ¿Cómo no iban a defender los intereses de sus antiguos jefes, a los cuales rendían pleitesía? Los unos y los otros se enriquecían, robaban, no pagaban impuestos y de paso esquilmaban las riquezas naturales de sus países.

Por eso las revoluciones democráticas en América Latina lo que buscaron, entre otras cosas, fue recuperar y nacionalizar los recursos que eran necesarios para recobrar la dignidad y contar con medios para emprender las políticas sociales que disminuyeran las desigualdades y generaran un mínimo de bienestar a las clases trabajadoras. Ese es el problema de América Latina, por eso nuestras revoluciones democráticas son nacionales, antiimperialistas y anticapitalistas. Mientras en Europa y en Estados Unidos no hubo que recuperar nada, porque los dueños de esas empresas eran británicos, belgas, franceses o estadounidenses; pertenecían a sus burguesías y clases dominantes. Hicieron la revolución industrial a costa de empobrecer y subdesarrollar América Latina. Diría que nosotros hicimos más ricos a los empresarios belgas, holandeses, ingleses y con ello a sus respectivos países.

Ángel: Y a la nacional también, Marcos. Lo que se llamó en Argentina «la conquista del desierto» (1878-1885) fue el exterminio de las poblaciones indígenas y la expropiación de sus tierras. El Gobierno recompensaba con grandes extensiones a miembros de la clase dominante que financiaba en parte ese genocidio. Y aún lo siguen haciendo. En el Gobierno de Macri asesinaron a Rafael Nahuel, un mapuche, y se produjo la desaparición forzosa de Santiago Maldonado. Ambos acompañaban a los mapuches en su lucha por preservar sus tierras, que les pertenecen desde siempre y que les eran arrebatadas una vez más.

De ahí nace la oligarquía terrateniente en Argentina, de los Peralta Ramos, de los Menéndez Behety…: de despojar a los indígenas de lo que les pertenecía, sus tierras. Todavía en Argentina venden y han vendido, por ejemplo, a la Benetton, 900 mil hectáreas en la Patagonia sur. Hay una ley, la 26737 de 2011, que dice que no se puede vender a compañías o personas extranjeras más del 15 por 100 del total de las tierras rurales. Y les vendieron 100 veces más que eso. Benetton es dueño de la Patagonia prácticamente. Pero también hay otros extranjeros con grandes extensiones, como el británico John Lewis o el norteamericano Douglas Tompkins. Eso que era un bien público es privado ahora. Además, grandes inversores extranjeros metidos en empresas nominalmente argentinas explotan enormes extensiones de tierra agrícola. En total, entre extranjeros y oligarcas argentinos se apropiaron de más de tres millones y medio de hectáreas en el sur. Un escándalo.

MARCOS: Claro. Y el argumento no fue que lo privado era mejor, sino que había que explotar lo que los latinoamericanos no hacían bien, ya que eran bárbaros, pueblos sin historia. No tenían inteligencia, ni capacidad para el trabajo; sólo podían ser exterminados o sobreexplotados. Recuerda, Ángel, el lema de la bandera de Brasil, «orden y progreso». Primero generamos el orden, matando a los pueblos originarios, y luego civilizamos con inmigrantes europeos. Civilizar es poblar.

ÁNGEL: Sarmiento en Argentina precisamente decía eso que acabas de decir. Que la raza argentina, mezcla de indígenas con españoles, generaba vagos que no tenían ese sentido de progreso que tenían los norteamericanos, por ejemplo. Sarmiento quería traer maestras norteamericanas a Argentina para crear otra personalidad destinada al progreso económico. Hay un libro de Sarmiento, *Facundo o Civilización y barbarie*, que termina con esta frase: «Seamos Estados Unidos», corroborando lo que estás diciendo vos. Hizo una crítica a los nativos argentinos centrada en Facundo Quiroga, un caudillo del interior del país al que él odiaba.

MARCOS: Ese discurso funcionó hasta la Segunda Guerra Mundial. Después vino una doctrina, ligada a la Guerra Fría, impuesta por Estados Unidos: el Tratado Interamericano de Asistencia Recíproca de la OTAN y la OEA. Su lógica fue seguridad, desarrollo y democracia vigilada, protegida. De ahí nacen los Gobiernos desarrollistas y las leyes de defensa de la democracia que ilegalizaban los partidos obreros y comunistas. En Europa, la socialdemocracia pactó la exclusión de los comunistas en los Gobiernos tras la caída del Tercer Reich. Eso fue algo que se destapó a fines de los años ochenta del siglo pasado, con los documentos de la logia P2 que puso al descubierto una operación policial.

ÁNGEL: Desarrollismo, que era lo que identificaba a Arturo Frondizi en Argentina.

MARCOS: Sin duda, esa pablara condensa el proyecto. En Chile Frei y su Revolución en libertad, anticomunista y de paso más tarde traidor que apoyó el golpe de Estado contra Salvador Allende en 1973. Una ideología distinta. Mira, ahí tienen una explicación del populismo en los hechos: un pacto entre la burguesía, las oligarquías y el capital extranjero para evitar las revoluciones y controlar el movimiento obrero. La Revolución cubana aceleró las reformas populistas, con Kennedy como valedor con la Alianza para el Progreso. El Estado se hizo cargo de las actividades productivas que no eran rentables por la inversión privada. El empresario disfrutó de créditos, exenciones de impuestos y un proteccionismo frente a las importaciones. Eran tiempos de keynesianismo. El Pacto Andino se convirtió en el proyecto más fuerte de integración allá por los años sesenta del siglo pasado. Ahí se dio una alianza, mientras la propiedad privada producía coches, el Estado hacía las carreteras para que pudieran circular. Cuando el Estado construía aeropuertos, las aerolíneas eran empresas públicas, LAN Chile, Aerolíneas Argentinas, Avianca, Aero México, VARIG, entre otras. Todos los países tuvieron una gran banca pública y un sector de empresas importantes que creaban empleo, inversión y riqueza, cuyos beneficios servían para políticas sociales de vivienda, salud, educación e infraestructuras básicas. El Estado era un agente impulsor de la riqueza nacional. El neoliberalismo arrampló con todo. Hizo la reconversión industrial para entregar la riqueza al capital privado. Desreguló, desnacionalizó, vendió y dejó el Estado bajo mínimos. El eslogan: «El Estado es ineficiente y está sobredimensionado». Mira el imaginario que describieron: «El Estado está obeso, hay que transformarlo en un Estado atlético, ponerlo a dieta, lo cual significaba adelgazarlo». Y, por otro lado, se inició el ataque a las clases trabajadoras, se rompieron los pactos y se procedió a desmantelar las relaciones sociolaborales de posguerra. Duraron poco menos de 20 años. El nuevo mensaje fue rotundo: «Hay que enseñar a pescar y no darles el pescado a los trabajadores». La reconversión industrial fue la puntilla.

Ángel: Pero primero lo descapitalizó. Hundía las empresas nacionales para venderlas más baratas, se las regalaba, prácticamente, porque estaban hundidas. Eso es lo que hacían las oligarquías latinoamericanas (en Argentina, Chile, etc.). Desmantelaban la empresa pública, que se convertía en ineficiente, y la vendían por cuatro monedas. Eso es lo que hacían previamente.

Marcos: Por supuesto, eso venía en el paquete. El argumento fue ramplón. El Estado sólo debe preocuparse por defender el territorio, la población y dar seguridad a las empresas cuando el mercado no funcione. El mejor ejemplo es el rescate a la banca; el Estado paga, sanea y todo gratis para los causantes del desastre. Todo se convirtió en negocio, la salud lo primero. Es cosa de ver hoy cómo se han lucrado las empresas farmacéuticas con las vacunas contra la covid-19. Las investigaciones han sido financiadas con fondos públicos y ahora estas ganan millones. Una sociedad enferma es un gran negocio. El precio de los medicamentos es un escándalo. Pero ni la Unión Europea ni la OMS hacen nada. Quienes gobiernan el mundo de la salud son las aseguradoras médicas, las empresas farmacéuticas que tienen las patentes y juegan con la vida y la muerte de la población mundial. Recuerda la venta de sangre contaminada para hemofílicos durante la expansión del sida. Lo sabían, pero decidieron seguir vendiendo hasta agotar las existencias. O la venta de oxicodona en Estados Unidos, cuya dependencia hace adictos a quienes sufren dolor crónico. Se redactaron informes médicos, pagaron a investigadores y publicaron en revistas médicas que no generaba adicción. Hoy se pagan las consecuencias. Las repercusiones las pagan los pacientes, los empresarios salen libres de polvo y paja.

ÁNGEL: Como resumen de esto que hablamos sobre la propiedad privada, digamos que todo eso generó pobreza, miseria, hambre en los pueblos latinoamericanos, porque los inversores privados ponían uno para llevarse cuatro. Decían que la empresa privada estaba favoreciendo a los pueblos, y era al revés precisamente. Contaban el cuento de que las empresas llegaban para darnos progreso, tecnología, bienestar y eficacia, cuando la realidad era que se llevaban todo y nos dejaban sin casi nada.

MARCOS: En Europa y Estados Unidos pasó tres cuartas partes de lo mismo. Qué decir de los países que se adhirieron al capitalismo neoliberal tras la caída del Muro de Berlín. La Organización Mundial del Comercio, el Banco Mundial y el Fondo Monetario Internacional tomaron las riendas de la economía mundial. Las transnacionales hicieron «su agosto» y el nacido Consenso de Washington en 1989, con sus recomendaciones, entre otras, de disciplina fiscal, reforma tributaria, apertura financiera y comercial, además de desregular la competencia y liberalizar todo lo que sea posible, dio el certificado de defunción a las políticas keynesianas. Fíjate en España, el Gobierno socialista –es un decir– vendió todo lo que pudo vender al mejor postor, liberalizó y de paso desarticuló todo el sector público, desmantelando el Instituto Nacional de Industria. Lo hizo desaparecer, literalmente. En Francia, Italia, Gran Bretaña con el Gobierno de Margaret Thatcher... Fueron años de grandes movilizaciones sociales y mucha represión. El resultado lo vemos hoy: desempleo, pobreza, contratos basura, hambre y mucha desigualdad. Los ricos son más ricos y los pobres lo son mucho más. Es el neoliberalismo y con su hegemonía se acabó lo de pensar en el bien común.

ÁNGEL: Marcos, pasemos a otro tema dentro del capitalismo si te parece. Hablemos de la plusvalía, que significa explotación. ¿Qué es la plusvalía? Yo, como profano de este tema, tengo una idea, vamos a ver si estoy más o menos acertado. Un empresario abre una empresa, calcula los costos, lo que le cuesta el alquiler del negocio, los materiales, sueldos. Eso lo paga. Y si fabricar un tornillo le cuesta dos y lo vende a cinco, esos tres euros de más son para él, la ganancia. ¿Eso significa la plusvalía, el beneficio que no reparte, la ganancia? ¿Eso es lo que se llama la explotación? Quizá sea una explicación muy simple, Marcos.

MARCOS: Está muy bien expresado, Ángel. Ahora bien, el tema de la explotación capitalista no viene tanto en comprar un tornillo en dos y venderlo en cinco, eso lo podríamos entender como comprar barato y vender caro, más propio de la etapa del capitalismo preindustrial o lo que hacían los fenicios.

ÁNGEL: Pero no digo comprar, digo lo que le cuesta producirlo. A él un tornillo le cuesta hacerlo dos y lo vende a cinco y el sueldo del trabajador forma parte del costo.

MARCOS: Ah, bueno, esa es otra cosa. Quien primero define las relaciones sociales capitalistas como relaciones de explotación fue Karl Marx en *El capital*. La pregunta fue simple y su respuesta le llevó casi toda su vida: ¿Qué mercancía se puede comprar por su valor de mercado y producir un plus del cual se apropia quien la compra y utiliza? Lo primero que hizo fue señalar que en el capitalismo la riqueza adopta la forma de mercancía y que debía existir una mercancía que pudiese crear un plusvalor, cuando su comprador, una vez adquirida, la utilizara. Sólo una cumplía ese requisito. Algo que en exclusiva poseían los seres humanos que acudían al mercado a venderla, no como esclavos, sino como hombres libres: se trataba de la fuerza de trabajo, una unidad de medida. ¿Y cuál su precio? La respuesta estaba en el tiempo que era necesario para producir semejante mercancía. Es decir, alimentarse, vestirse, tener una habitación, reproducirse. Todo aquello que el trabajador libre requería para vivir y no ser esclavo. Así, el capitalista, el empresario, compraba la mercancía fuerza de trabajo, la utilizaba unas horas, las pactadas, y luego el trabajador quedaba libre para utilizar el resto del tiempo. Al utilizarla, la gastaba y le producía un beneficio, el cual se podía calcular, racionalizar. Producía más de lo que se le pagaba. Así, el trabajador era enajenado de su fuerza de trabajo gastada por quien tenía los medios de producción y lo hacía trabajar para él. De ahí, la contradicción entre propiedad privada de los medios de producción y fuerza de trabajo libre. Ese descubrimiento ha sido fundamental en la historia, es la base de todo el pensamiento emancipador, socialista y democrático. Acabar con la explotación del hombre por el hombre.

Por eso el capitalismo es un sistema de explotación. Porque primero transforma todo en mercancía, generando un mundo de mercancías. Después descubre que una de estas mercancías le genera plusvalía, la fuerza de trabajo. Eso no lo hace un objeto inanimado. Cuando compras una taza, la usas y se desgasta, no produce más tazas, igual que un coche no produce más coches. Como no estamos en la época de la esclavitud, no puedo comprar a un hombre, pero sí su *fuerza de trabajo*. Por ejemplo, usted no puede comprar a Marcos Roitman, pero sí alquilarlo, no ya como persona, sino como trabajador. Usarlo, que se reponga y luego volverlo a usar. Pagarle un sueldo y sacarle beneficio a su trabajo. Si seguimos el ejemplo, la universidad privada me puede pagar un sueldo, digamos de mil euros mensuales y cobrar a los alumnos una matrícula de tres mil euros al mes. Si tiene 40 estudiantes en el aula, mira el rendimiento que le saca a mi fuerza de trabajo. ¡Claro! Ellos dicen que ponen las instalaciones, pagan la luz, los servicios, los impuestos. Se justifican para contar sus beneficios.

ÁNGEL: Igual que a un trabajador con una jornada de ocho horas cuyo sueldo se paga con una hora de trabajo y el resto de las horas son para la empresa. Podríamos decir que siete horas las trabaja gratis. Es un ejemplo, no sé si siete, seis o cinco. Pero lo que es cierto es que no le paga todas las horas que trabaja, sino menos, mucho menos.

MARCOS: Eso es lo que define la lucha de clases. Se trata de la forma de apropiación del excedente producto de la explotación. El capitalista controla el proceso de producción y los trabajadores pugnan por mejorar sus salarios, condiciones de vida, por derechos laborales que los protejan de los empresarios en su ansia por ganar, ganar y ganar más dinero a costa de sus vidas. Ángel, fíjate que el único derecho, como código, a diferencia del civil, penal, mercantil, marítimo, internacional público o privado es el laboral. Nace de un desigual poder entre empresarios y trabajadores. De ahí que el derecho a huelga sea reconocido en las constituciones y los empresarios no puedan realizar un cierre patronal. Por ello, las luchas sindicales por los derechos de los trabajadores han costado tantas vidas, huelgas, matanzas, represión. Los empresarios no dan nada gratis. Utilizarán todos los medios para negarse a compartir los beneficios que ellos no han generado, pero de los cuales se apropian. ¿Qué hace el empresario cuando los trabajadores piden un aumento salarial? Dice: «Muy bien, voy a subirte el salario, pero a cambio te pido, ¿qué cosa?, intensificación de la jornada laboral». De esa manera se han ido reduciendo los tiempos para el descanso, ir al servicio, el bocadillo, etc. Es decir, va a pagar de más, pero no va a redistribuir, lo dado lo recupera *superexplotando* al trabajador.

ÁNGEL: Eso por una parte. Por otra, lo que está ocurriendo hoy es que trabajan ocho horas, teóricamente, pero en realidad son diez o 12. Conozco a un joven que trabaja como monitor en una autoescuela y trabaja 12, 14 horas, y su contrato es de ocho. Y si no le gusta se puede ir, tal como se lo dijeron. Otra característica de la explotación actual son los chicos que reparten en bicicleta, los *riders*, que los empresarios han inventado que son autónomos para no pagarles Seguridad Social. Dicen estos caraduras que no están en relación de dependencia, sino que son autónomos, y el señor viene acá con su bicicleta –dicen– y hace su trabajo que nosotros como empresa compramos.

MARCOS: Ciertamente, Ángel, en la actualidad las formas de explotación se han diversificado. Hay muchas maneras de explotar, sobre todo a partir del advenimiento del neoliberalismo. Han desgastado y criminalizado la acción de los sindicatos de clase. Rompió la solidaridad de clase al atacar directamente a los sindicatos y considerarlos una rémora del pasado. Unos aprovechados y unos privilegiados. Ese fue el discurso. Se dijo que los sindicatos impedían que los trabajadores negociaran sus condiciones laborales directamente con el empresario. Y así, perdieron peso en la negociación colectiva. Es cierto que hubo y hay un cierto acomodo de los sindicatos, pero eso no invalida su trabajo y la defensa de los derechos de los trabajadores (acá excluyo los sindicatos amarillos).

ÁNGEL: Los sindicatos –no todos, por supuesto– han sido incorporados institucionalmente como parte del sistema. Los han domesticado y se han limitado a pedir una mejor retribución. Si cobras mil, a ver si le puedes dar mil cien; negocian y los empresarios terminan dando mil sesenta o mil cincuenta y los sindicatos lo venden como una conquista. Que no viene mal…, pero no se trata de eso.

MARCOS: Claro, porque se han cargado el sindicalismo de clase.

ÁNGEL: Le han quitado el carácter de lucha a los trabajadores, el carácter de conseguir las cosas luchando, como ha sido siempre, históricamente. Ahora se hace por medio de sindicatos que negocian con los empresarios sin la participación directa de los trabajadores. Del mismo modo que los congresistas, que están totalmente despegados de la gente, los sindicalistas también se han transformado y están apartados de los trabajadores y de sus problemas cotidianos. Son señores institucionalizados que ni se les ocurre cuestionar el sistema.

Marcos: Para no meter la crítica en el argumento. Los sindicatos de clase surgieron para defender a los trabajadores, y eso lo hicieron con un coste social elevado, otra cosa es su evolución. En la medida en que los sindicatos comenzaron a cobrar de fondos del Estado cambió la dinámica, pasaron a ser parte de sus instituciones políticas. Y ahí el sindicalismo de clase fue estrangulado.

Ángel: Han logrado, por ejemplo, lo que se conoce como «sindicalistas liberados». Ya no trabajan más en sus puestos de trabajo, no es que estén liberados por un año y después vuelven, no; por lo tanto, de ninguna manera pueden compartir la lucha de los compañeros. No viven ni sienten lo mismo. Salvo algunas excepciones. Hablo con carácter general.

Marcos: De acuerdo. El neoliberalismo ha atacado concéntricamente a la clase obrera y sus organizaciones. Cuando han podido han captado a sus dirigentes, los han corrompido y hasta integrado. Si no lo consiguen, recurren a la represión y la violencia, hasta torcerles el brazo o desmantelar los sindicatos. Pero como siempre, no lo consiguen del todo. Las luchas se mantienen y la dignidad sigue presente como parte de la memoria colectiva de las clases trabajadoras. Con la reforma que hizo el PP y también el PSOE, la fuerza que tenían los trabajadores en la negociación colectiva ha sido cercenada. El empresario tiene más fuerza, puede decretar un ERE, despedir plantilla, aplazar pagos a la Seguridad Social, contar con exenciones de impuestos, todo son beneficios. Contratos por hora, días, semanas. Los contratos a tiempo parcial, etc. Se han trasformado de explotadores a empresarios dadores de empleo y mecenas de pobres. Este cambio del imaginario del empresario, como buena gente y emprendedor que arriesga su fortuna y da empleo, ha sido lo más grave que ha ocurrido en el último medio siglo. El despido, las jubilaciones se han abaratado. Despedir cuesta poco y el despido libre es una realidad que se encubre. Mira el ERE del Banco Santander y las jubilaciones anticipadas de personas mayores de cincuenta años. Ese es el poder que se les ha dado a los bancos y las grandes transnacionales. Juegan con la vida de la clase trabajadora y no tienen remordimientos. Los sindicatos están perdiendo protagonismo y sólo les queda ser convidados de piedra.

Ángel: Porque han perdido capacidad de lucha, porque se han hecho cargo los sindicatos y se terminó la lucha, la callejera, la de toma de fábricas… Lo que fue siempre.

Marcos: Yo no le echo la culpa a los sindicatos, el sindicato para mí sigue siendo una organización válida, lo que no es válido es su forma de actuación. Al menos cuando nos referimos a los históricos. En España, el caso de CCOO y UGT. Desde luego hay sindicatos minoritarios de clase, sectoriales y muy dignos.

Ángel: Yo sí le echo la culpa a los sindicatos en este momento. Porque vos estás hablando de lo que fueron y significaron. Y en eso estoy de acuerdo con vos. Pero hoy en día son una cosa muy distinta. No me refiero a los sindicatos minoritarios, de clase y sectoriales, como decís, porque realmente mantienen una dignidad que conmueve, como para mantener la esperanza.

Marcos: El sindicato, como organización de clase trabajadora, debemos reivindicarlo. La lucha de clases no toma vacaciones. Ahora bien, este sindicato no es el que nosotros, en términos de lucha histórica, conocemos y defendemos. Se ha producido una mutación.

Ángel: Esto es una burocracia asombrosa, tenemos dirigentes sindicales que van al palco del Bernabéu fumando puros. No tiene nada que ver con el sentido de los sindicatos originalmente, y que yo también estoy de acuerdo con lo que estás diciendo. Pero hoy en día el sindicalista es ese señor que va al palco del Bernabéu y se deja ver en TV sin ningún pudor.

Marcos: Correcto. Y hay sindicatos en México, que tú conoces porque has entrenado allí, que se los denomina sindicatos charros. Qué decir del sindicalismo amarillo en Estados Unidos. Pero también los hay históricos, comprometidos, de clase y asentados en sus sectores. Otro ejemplo de México. Los electricistas o la

CNTE de los maestros. Acá tenemos CAS en sanidad. Es necesario seguir en la brecha y estos son ejemplo.
ÁNGEL: Porque no han entrado en lo institucional. Acompañan a los trabajadores y, como has dicho y es bueno resaltarlo, mantienen la dignidad de sus luchas.
MARCOS: Efectivamente, estamos de acuerdo, lo que quiero es reivindicar la organización sindical, como agrupación de lucha y defensa de los intereses de clase. Acabo de citar a CAS (Coordinadora Antiprivatización de la Sanidad), donde sus representantes sindicales no son liberados, siguen en sus puestos de trabajo –sean enfermeros, médicos, auxiliares, etc.–, ninguno cobra, tienen un comportamiento ejemplar. Lo que ha sucedido con los grandes sindicatos, CCOO, UGT, USO o los sindicatos de funcionarios, además de los específicos de policía y otros, es una deformación, cuando no una caricatura de sindicato. Pero más que a los sindicatos como institución, es a los sindicalistas que se adormecen, se convierten en funcionarios de la organización, lo que hay que combatir desde dentro y desde fuera también.
ÁNGEL: Claro, yo no cuestiono la democracia, por supuesto, sino a los políticos que entorpecen y ensucian la democracia. La democracia está bien –aunque la que vivimos es insuficiente mires por donde la mires–, pero ellos se apropian de ella y la hacen una cuestión privada al margen de la gente. No le echo la culpa a la democracia, pero la han convertido en eso, en un sistema donde la gente sólo interviene el día que le toca votar y ahí termina su participación. No les echo la culpa a los sindicatos, pero los sindicatos mayoritarios son otra institución del capitalismo. También ocurre en Argentina con una burocracia escandalosa. Como bien decís, Marcos, hay algunos sindicatos que se mantienen y son luchadores, pero son minoritarios. Aparecen cuando los trabajadores se independizan de esos grandes monstruos que tratan de domesticarlos.
MARCOS: Hace mucho que no tengo carnet sindical, no me siento representado por CCOO, por ejemplo, pero si convocan una manifestación, una huelga, me tendrán entre los suyos. Sólo

menciono que los sindicatos han sufrido y sufren una guerra de desgaste por parte de los empresarios, Gobiernos, cuyo fin es desarticularlos y hacer estéril su existencia.

Ángel: Claro, lo primero que han hecho, porque ¿qué hacían los sindicatos? Organizaban a los trabajadores para ir a luchar. Ahora, en la medida en que los representantes sindicales se fueron liberando, se sientan en sillones, no van todos los días a trabajar, hablan con los empresarios, van a tomar una copa con ellos, la cosa cambió y se terminó la lucha para ellos. Los fagocitaron, los mandaron a los palcos de los estadios de fútbol para hacerles sentirse señores y los han convertido en burócratas que no tienen nada que ver con la lucha de clases.

Marcos: Por eso hay una gran diferencia entre dirigentes. Los hay como Marcelino Camacho, el último gran sindicalista de CCOO, que si recuerdas fue poco menos que expulsado y salió por la puerta de atrás. Luego tienes a José María Fidalgo, médico que termina en la FAES con José María Aznar, o Antonio Gutiérrez que acaba siendo diputado por el PSOE. El perfil del dirigente sindical ha cambiado. En sus puestos tenemos muchos profesionales, universitarios. No hago una crítica demagógica, pero desde luego la explotación de un minero, de un trabajador de la construcción, fogueados en la lucha reivindicativa, presupone otra visión del conflicto y las relaciones sociolaborales y sindicales. Pienso que los trabajadores industriales han perdido peso en las direcciones de los sindicatos. Lo que tú dices es cierto, ahora los sindicatos se han burocratizado y se han vuelto meritocráticos. Pero en el sentido más abyecto del término. Estás con nosotros o contra nosotros; ese es el dilema al que se enfrentan los sindicalistas institucionalizados.

Ángel: Exactamente. En Argentina también, el peronismo creo los sindicatos, unos sindicatos que, poco a poco, se fueron despegando de la lucha de los trabajadores, pero igual había varios que dentro del peronismo eran combativos, pero aislados. Finalmente terminaron muy mal, perseguidos, encarcelados o asesinados por la dictadura. Agustín Tosco, que era trotskista y un ejemplo porque iba a trabajar, estaba con el mameluco de los trabajadores discutiendo con los burócratas sindicalistas y participando en todas las luchas con sus compañeros. En eso han convertido los sindicatos, los han burocratizado. Los capitalistas son muy inteligentes, desarman a los que organizan la lucha de los trabajadores y los asimilan.

MARCOS: Te recuerdo que para los capitalistas no existe explotación. Nosotros llevamos una hora explicando y debatiendo el concepto, pero el empresario lo niega, desconoce y acusa de extremista, subversivo y comunista a quien lo menciona. Por eso Marx hizo tanto daño, desentrañó la lógica del capital y su afán de acumulación centrada en la explotación del hombre por el hombre. Ese es su único objetivo.

ÁNGEL: Perdona que introduzca un problema que nos aleja un poco, pero está relacionado, si consideramos el capitalismo como un sistema de dominación y explotación. Estados Unidos se retira de Afganistán después de 20 años. ¿Cómo entender este comportamiento?

MARCOS: Tendríamos que hacer historia e irnos a los tiempos de la Guerra Fría. Muyahidines y talibanes fueron los aliados de Estados Unidos en su lucha por derrocar el Gobierno revolucionario laico, de izquierdas y anticapitalista instaurado en 1978 en Afganistán. Fue una revolución que supuso la incorporación política de la mujer a la vida pública del país. Quiero mencionarlo, dado que hoy, cuando Occidente se rasga las vestiduras defendiendo los derechos de las mujeres afganas tras el triunfo de los talibanes, silencian y nada dicen del apoyo que brindaron a los máximos detractores de estos derechos cuando se trataba de derribar el Gobierno popular afgano. Sirva como dato el nombre de la doctora Anahita Ratebzad, feminista y dirigente de la revolución en 1978, fue la impulsora del Consejo General de Mujeres afganas, ministra de Asuntos Sociales, de Educación y vicepresidenta del Consejo de Estado. Pero retomemos el hilo. En 1979, el entonces presidente de la

República Democrática, Babrak Karmal, solicitó apoyo militar a la URSS. Gobernando James Carter, Estados Unidos y sus aliados, más la prensa internacional, presentaron la presencia de tropas soviéticas en Afganistán como una invasión. Desde ese momento, Estados Unidos inició su colaboración y apoyo con los talibanes y muyahidines. Les suministró armas, misiles, dinero y apoyo logístico. En 1992, tras muchos reveses, cambios de presidentes y la retirada de los soviéticos, los muyahidines toman la capital, Kabul. Desde ese momento, Afganistán se trasforma en un Estado fallido. La represión, el cierre de universidades, la persecución de las mujeres; en definitiva, el fundamentalismo islámico se hace con las riendas del país. Para Estados Unidos fue un triunfo que supuso recuperar su hegemonía mundial, al coincidir con la desaparición de la Unión Soviética. Para el Pentágono y la Casa Blanca que gobernasen talibanes o muyahidines les traía al pairo. Ya no era un problema. Afganistán se convirtió en productor de amapola para su trasformación en heroína. Así pasaron los años hasta el atentado a las Torres Gemelas en 2001. Para los hijos pródigos de Carter –Reagan y Bush–, los talibanes y muyahidines se habían convertido en sus enemigos. Al Qaeda, con Osama bin Laden a la cabeza, acabó siendo el objetivo. Así llegó la Segunda Guerra del Golfo. Se trataba de lavar la afrenta del ataque a las Torres Gemelas y el Pentágono. Cayó Iraq, llegó la invasión, la presencia de la OTAN y los Gobiernos afganos prooccidentales. Corrupción y mucho dinero para el beneficio privado de las empresas trasnacionales norteamericanas. En estas dos décadas no hubo reconstrucción, ni se trató de proyectar un orden representativo y dar legitimidad a las nuevas autoridades. Simplemente se saqueó el país y se consolidó como segundo productor mundial de amapola. Muchas ganancias con la DEA de por medio. La retirada de las tropas norteamericanas y de los diferentes países que mantenían misiones militares se puede entender como el fin de un negocio fértil. El pueblo afgano y en especial la situación de la mujer no les interesaron ni antes ni ahora. Ya no había negocio y la mejor opción era abandonar. La retirada se firmó entre Donald Trump y los talibanes. El resultado final, el ridículo y la desnudez de quienes sólo estaban allí para hacer dinero, no para crear instituciones representativas.

CAPÍTULO V
La afición llena el campo

MARCOS: En el libro que escribiste con María, *También nos roban el fútbol,* me llamó la atención la similitud existente entre el proceso de privatización y desregulación económica en las industrias con lo ocurrido en el fútbol. Durante el Gobierno de Felipe González se procedió a transformar los clubes de fútbol en entidades privadas. Los socios dejaron de ser los dueños y lo pasaron a ser empresas privadas, regidas exclusivamente por el fin de lucro y en manos de familias, capital riesgo y entidades financieras. ¿Cómo ha evolucionado este proceso? ¿Qué efectos ha generado en la contratación de futbolistas?

ÁNGEL: El efecto inmediato fue que se terminó el fútbol como fiesta de los pueblos y se convirtió decididamente en un negocio de las elites. Lo dijo el presidente del Atlético de Madrid, Enrique Cerezo, «hay que terminar con el romanticismo, el fútbol es un negocio». Eso significa el último paso para arrancarles el fútbol a sus auténticos dueños, que son los hinchas. No solamente los socios, porque hay seguidores que no tienen el dinero para ser socios, pero que también son los dueños de ese sentimiento. Porque un club de fútbol era un sentimiento, algo que aglutinaba una misma manera de pensar acerca de un equipo. Aglutinaba a la gente de un barrio, de un lugar, de una ciudad, y le daba un sentido de pertenencia. Eso fue suprimido, se terminó. Ahora, con la privatización, los clubes tienen dueño, al que no le importa lo que opinan los socios, menos todavía los aficionados. Y si es un negocio, tiene que dar beneficio para los accionistas. A partir de esa transformación, los clubes comienzan a actuar como una empresa. Eso es el punto final de lo que era fútbol hasta ese momento. Porque acá en

España han quedado algunos clubes como el Real Madrid, el Barcelona, el Osasuna y el Athletic de Bilbao que son los únicos que no se han convertido en sociedades anónimas, pero que funcionan como tal. De ahí surgen los negocios; ya la contratación de un jugador no depende de la opinión del entrenador (salvo excepciones), depende del criterio de la empresa. El criterio para la contratación de un jugador ya no es sólo futbolístico, es también y en gran medida comercial. Se le impone al fútbol una lógica puramente comercial y se termina la apreciación del juego como algo importante dentro de este comercio. Ya el juego sólo interesa si da beneficios económicos. Y ¿qué es lo que da ese beneficio? Ganar, lo único que interesa. Por eso aparecen las frases de algunos entrenadores, de algunos periodistas que afirman que *ganar* no es lo más importante, sino *lo único importante*. Es decir, el juego pierde toda su importancia.

¿Qué significa el juego? Originariamente tenía que ver con la emoción, con el sentimiento, con la belleza. En el contexto actual la emoción está desestimada. Como dijo hace mucho tiempo Mario Benedetti, «los sentimientos pasaron a la clandestinidad», no tienen nada que hacer, esto es un negocio. Y lo acaba de decir –que lo trataremos en otra conversación aparte– el presidente de los empresarios españoles, Garamendi, que entiende el fútbol como una empresa y dice que tienen que ser los empresarios quienes lo dirijan. Esta es la consecuencia de la medida de Felipe González obligando a los clubes a convertirse en sociedades anónimas.

MARCOS: ¿Significó que arribaran y compraran equipos de fútbol empresarios sin interés futbolístico, pero con el ojo puesto en lavar dinero? Tenemos el caso de Jesús Gil, jeques árabes, empresarios rusos, chinos. Los ejemplos son numerosos: el Valencia, el Málaga, pero hay muchos otros. ¿Es el fútbol un negocio rentable?

ÁNGEL: Vos sabés, Marcos, que el dinero está ligado a la corrupción. No solamente en el fútbol, pasa en las grandes empresas y su relación con los políticos, los vínculos de los poderosos con la justicia, etc. Decía Bertrand Russel que el dinero lo pone todo patas arriba. Y tenía razón. Cuando en el fútbol aparece un montón de dinero de empresarios, que no tienen absolutamente nada que ver con este asunto, es cuando los valores de este deporte se tergiversan totalmente.

MARCOS: Ángel, esto tendrá que ver también con las apuestas, ¿no? ¿Qué papel desempeñan en este proceso de la intromisión del negocio en el fútbol?

ÁNGEL: Por supuesto, aparecen las apuestas, no solamente las legales, sino las ilegales también. Y aparece la sospecha de arreglo de partidos. No solamente la sospecha, vamos a poner un solo ejemplo para no incurrir en otros de los cuales no tenemos plena confirmación. La Juventus ganó en Italia dos campeonatos seguidos. Bueno, pues se investigó por denuncias de ilegalidades y le quitaron los puntos de los partidos que había arreglado y, por lo tanto, se fue al descenso. ¡De todos los partidos que había arreglado la Juventus para ser campeón! Y naturalmente le quitaron el campeonato. Eso en el supuesto de que se indague, pero hay un montón de casos, no sólo en España, Italia, también en Sudamérica, que no se investigan y quedan en la sospecha. Ingresa el dinero, ingresan estos empresarios para quienes lo único que tiene valor es el beneficio, el beneficio rápido. Algunos clubes comienzan a cotizar en bolsa, y naturalmente esto genera corrupción.

Se investigó en Italia, se investigaron algunas cosas en España y en otros países, pero no todas. El fútbol queda bajo sospecha. Si vos ves que cobran un penalti o no lo cobran, siempre te queda la duda sobre la honestidad de la decisión. Bueno, ahora está el VAR, que es otro negocio también, pero a veces este no interviene en ciertas jugadas y otras veces sí; todo es mucho más confuso, se interrumpe el juego permanentemente, porque el árbitro ya no dirige libremente, se inhibe y consulta el VAR en cuestiones complicadas. Además, se han introducido cinco cambios de sustitución, la mitad del equipo, o sea, dentro del partido se juega otro partido. Es decir, se está transformando y desfigurando lo que era el fútbol hace unos años. ¿A partir de qué? A partir de la intervención, de la injerencia de las enormes cantidades de dinero.

Marcos: Al hilo de esta conversación, ¿qué te parece la cantidad de objetos que surgen con los escudos de los equipos? Ceniceros, llaveros, balones, insignias, pijamas, calzoncillos, tazas, bolígrafos, incluso se llegan a personalizar camisetas.

Ángel: Bueno, eso es para sacar dinero del aficionado. Cuentan con la complicidad de la publicidad y el márketing a través de los medios de comunicación. Todos sabemos que si compramos la camiseta de Cristiano Ronaldo, no es la camiseta que realmente usa, es cualquier camiseta a la que le ponen su nombre y el número, o de Messi o de quien sea. La cuestión es que ¿cómo puede ser que alguien, sabiendo que no es la camiseta de Cristiano Ronaldo, la compre y pague a ciento y tantos euros por ella? Es lo mismo que si yo ahora copio un vestido de Marilyn Monroe y lo pongo a la venta. ¡Compren el vestido de Marilyn Monroe! Y la gente lo compra. Pero la gente diría «ese no es el vestido de Marilyn». ¿Cómo compran la camiseta de Messi sabiendo que no es la camiseta de Messi? A través de la publicidad y con un apoyo incondicional de los medios, que son los que también ganan dinero con el negocio del fútbol. Contrariamente a lo que todos suponemos, de la cantidad de dinero que genera el fútbol los jugadores se llevan la mínima parte, incluyendo a las grandes figuras, que son muy pocas. De lo que produce el fútbol, como vos decís, de los elementos subsidiarios, de los viajes, los aviones, los autobuses, los hoteles, de todo ese dinero que se origina alrededor de un partido, al jugador va un 16 por 100, es decir, la mínima parte. ¿Qué significa todo eso? Significa que los valores del negocio son transferidos al juego. Todo lo miramos desde esa óptica. Si vos te preguntás, por ejemplo, ¿por qué se juega un partido a las doce o una del mediodía? ¿Cuál es la razón de ese horario? La televisión impone eso, porque es quien da el dinero. Pero yo, como aficionado, ¿cómo voy a ir a un campo al mediodía o a las diez de la noche? Con la pandemia la cosa cambió, pero, en condiciones normales, ¿cómo voy a ir a un partido a esas horas? Es la televisión, es el dinero el que impone su conveniencia. Ese argumento de apariencia rotunda y decisiva, «ah, bueno, si es el dinero...», ¿por qué se acepta? Porque han transmitido los valores del negocio. Porque si fuera una cuestión deportiva y hubiera un respeto a la afición, no se podrían jugar partidos a las diez de la noche, ya que mientras llegas a casa y terminas de acomodarte se hace tardísimo y al siguiente día tengo que ir a trabajar (si tengo la suerte de tener un trabajo), además mis hijos no pueden ver el partido, es muy tarde para ellos. Eso es, ni más ni menos, la prepotencia del dinero.

MARCOS: Has sacado un tema importante. En Argentina, durante la presidencia de Kirchner, se estableció que la trasmisión de los partidos de fútbol debía ser en abierto. Pero ahí surgieron los intereses de las televisiones privadas por suscripción, que pusieron el grito en el cielo. Los horarios, los días que se juega, todo está en función de las televisoras privadas y los intereses económicos de los patrocinadores. ¿Parece que el aficionado y los que van al estadio cuentan cada vez menos?

ÁNGEL: Eso pone en evidencia, también, la poca consideración que se tiene con la gente más humilde, que es donde nace el fútbol. Lo digo porque es muy caro para esa gente que no tiene trabajo o gana lo mínimo. Imaginemos lo que supone económicamente ir en transporte, pagar la entrada, volver; no se puede, le resulta muy caro. Entonces dice, bueno, lo veo por televisión, pero ahora también tiene que pagar. Es como decir a los aficionados más humildes, que son los que verdaderamente tienen el sentimiento más profundo por el fútbol, que nos importan un comino, que nos da igual si no pueden verlo. Lo ve quien tiene dinero. Acá en España las entradas son carísimas, creo que son de las más caras de Europa. En cambio, en Alemania, que también está dentro del sistema capitalista, son más inteligentes, las entradas son muy accesibles y han hecho un montón de reformas por respeto al aficionado. El lugar donde menos se respeta al aficionado es en España, les da igual el aficionado y vos fíjate durante la pandemia, fue algo indignante la transmisión de fútbol por televisión. Te dibujaban cabecitas como si estuviera la cancha llena y te ponían sonidos de la gente en otros partidos. O sea, que trataban de engañarnos de todas las formas posibles. Trataban de vendernos algo que es una ficción. Súmale a eso el VAR, las interrupciones, los cambios, y estamos viendo algo que tiene poco que ver con un partido de hace diez años. El fútbol ahora tiene mucho que ver con el negocio. Bueno, hubo una disposición hace un tiempo, que no sé en qué quedó, de la Liga de Fútbol Profesional, donde la gente tenía que colocarse donde enfocaban las cámaras para dar la impresión de que había mucha gente. Es un engaño permanente al espectador y al aficionado.

MARCOS: Si llevamos eso al terreno de juego, uno escucha a muchos aficionados decir cuando el equipo pierde que sus jugadores son unos mercenarios, que no sudan la camiseta. Algunos llegan a estar en cinco o más clubes. Después vienen las ventas, motivadas por cambio de entrenadores, de presidentes, y los equipos grandes con mucho más dinero se comen a los pequeños. ¿No desvirtúa las competiciones?

ÁNGEL: Tal cual, el futbolista no puede quedarse en el club que quiere, porque hay una gran desigualdad entre los clubes. Los más poderosos se nutren de los jugadores de los clubes más débiles. Y los clubes más débiles se ven en la necesidad de vender a jugadores para seguir subsistiendo, entonces no puede el jugador decir «yo me quedo en este equipo». Claro, en los equipos grandes eso no pasa, porque la mayoría de los jugadores les duran seis u ocho años, no en nuestros países, no en Sudamérica. ¿Por qué? Porque los países sudamericanos, centroamericanos y africanos se han convertido en una fuente abastecedora de jugadores de fútbol para los centros de poder económico futbolístico: Europa, China, Japón, Estados Unidos... Entonces, el jugador, por más que quiera quedarse en un club, no puede, el club lo tiene que vender. El jugador no es que sea un mercenario, es que, evidentemente, si juega en un club de Argentina y gana 300 mil dólares al año y viene cualquier equipo de primera división de Europa, le paga diez veces más y le da al club un dinero que para Europa es una tontería, como pueden ser diez millones de dólares; el club lo vende y lo empuja a él y a toda la familia a subirse en un avión. Por su parte, el jugador calcula, acá gano 300 mil y ahora voy a ganar tres millones, claro que me voy. Dentro de esta historia que se ha montado, dentro de este fútbol, que es clara y rotundamente capitalista, no hay otro camino que ese. Antes los equipos en Argentina, en Chile, en Colombia, en Uruguay, mantenían a sus jugadores muchos años. Peñarol, River, Boca, Colo-Colo... Ahora los jugadores no duran ni seis meses, un año como mucho, porque están desesperados todos los clubes de esos países para que el jugador haga dos, tres goles y lo vea algún empresario para venderlo. Igual les pasa a los equipos débiles de Europa, cuando aparece un jugador que sobresale, inmediatamente se lo llevan los equipos grandes. ¿Qué culpa tiene el jugador en esta historia? Ninguna. ¿Qué puede hacer el jugador de fútbol? ¿Decir que quiere jugar en la U de Chile y se quiere quedar? Los dirigentes lo matan, porque necesitan el dinero para seguir viviendo. Y, además, el jugador de la U de Chile diría, «bueno, acá estoy ganando bien, pero si me voy a cualquier equipo europeo, gano diez veces más y arreglo todo el tinglado de mi familia; me tengo que ir». Eso antes no ocurría.

MARCOS: Hoy parece que la mayoría de las competiciones están controladas por cuatro o cinco clubes. Al menos en España cada vez es más difícil que un equipo pequeño gane una Liga o la Copa del Rey. Según tu experiencia, ¿es similar en otros países europeos o de América Latina?

ÁNGEL: Acá en España ocurre eso, no pasa tanto en Alemania o Inglaterra, donde es más igualitario el reparto del dinero. Acá es tremendo.

Marcos: ¿La desigualdad que se genera en ese ámbito se profundiza cada vez más?

Ángel: En la liga europea que están programando, Marcos, los equipos débiles desaparecerán.

Marcos: Así es. Hay en proyecto una Superliga donde están implicados los grandes clubes europeos. Es otro atentado más al fútbol, sin duda.

Ángel: Con un desprecio absoluto por los campeonatos de sus países. Con un desprecio total, porque evidentemente la gente va a seguir esa nueva liga y los campeonatos nacionales van a tener una importancia mínima o ninguna. En consecuencia, los equipos débiles tenderán a desaparecer y solamente se quedarán los fuertes. ¿Por qué piensan hacer ese desbarajuste? Volvemos a lo mismo. Porque lo único que interesa es el dinero y porque los accionistas de esos equipos reclaman mayores ganancias. Y porque no tienen ningún respeto por los aficionados.

Marcos: Antes de la Ley Bosman los equipos estaban limitados a dos o tres jugadores extranjeros. Ahora, dado que muchos son jugadores comunitarios, no ocupan plaza. Así se nacionalizan argentinos, chilenos, uruguayos, brasileños. Vamos, que el negocio es total. Y los equipos, salvo excepciones, en una alineación pueden tener siete u ocho futbolistas extranjeros. No es una crítica, es enunciar cómo una ley puede cambiar la fisonomía del fútbol. Me parece que España es un buen ejemplo.

Ángel: Actualmente, ¿cuántos ingleses hay en un equipo inglés? ¿Cuántos italianos en un equipo italiano?

Pero no nos olvidemos que en el Real Madrid de Di Stéfano jugaban el arquero argentino Rogelio Domínguez; José Santamaría, uruguayo; Raymond Kopa, francés; José Héctor Rial, argentino; el propio Alfredo di Stéfano, argentino; Ferenc Puskás, húngaro. Estamos hablando de seis jugadores extranjeros, pero sí que había menos en otros equipos. Esos eran jugadores extraordinarios, jugadores fuera de lo normal que había en algunos países, los cracks, digamos. Ahora no, ahora nuestros países de origen venden a los cracks, a los muy buenos, a los buenos y a los regulares y lo están poblando todo, porque a los equipos de Europa les sale muy barato. Evidentemente, ahora ves un equipo español y por ahí tiene uno o dos españoles, ves un equipo inglés y tiene un inglés o ninguno y ves un equipo italiano e igual. La Ley Bosman lo que ha hecho es equiparar el derecho de los futbolistas europeos con el de un trabajador cualquiera, que puede ir a trabajar a cualquier país dentro de la Unión Europea sin ocupar plaza de extranjero. Pero eso ha generado, efectivamente, una supremacía absoluta de los equipos poderosos. Hasta la Ley Bosman, los torneos internacionales los ganaban los equipos sudamericanos mayormente. A partir de esta los ganan los equipos europeos, pero de manera holgada, de manera casi vergonzante, porque, ¡claro!, es un desabastecimiento absoluto de los equipos sudamericanos. La ley ha generado una igualdad de los trabajadores, pero también un fortalecimiento de los equipos más poderosos.

MARCOS: En relación con los equipos poderosos y débiles. ¿Qué futuro nos espera? En vuestro libro, ¿la afirmación «nos roban el fútbol» es ya una realidad o simplemente una alerta para evitarlo? Con las nuevas tecnologías aplicadas al juego, ¿desaparecerá el fútbol como lo conocemos?

ÁNGEL: Ya está desapareciendo. Creo que eso depende de los aficionados, de los socios, los simpatizantes. Lo que ha ocurrido, de cierta manera, en Inglaterra. Cuando el Liverpool quiso aumentar el precio de las entradas, los asistentes hicieron una protesta muy eficaz; se iban del campo en determinado minuto y logrando que cedieran y no aumentaran el precio. Depende de la gente. Pero también depende de la gente que recuperemos la salud pública y depende de todos nosotros que recuperemos totalmente la educación pública, los servicios públicos, que los trabajadores ganen un sueldo digno, que la democracia sea participativa. Depende de todos nosotros. Es muy difícil que haya un fútbol democrático en una sociedad capitalista, muy difícil. Porque la sociedad capitalista hasta este momento cada vez es más opresora y el fútbol es cada vez más capitalista. Por lo tanto, actualmente es muy difícil ser optimista, pero no hay que perder la esperanza.

MARCOS: ¿Hay alguna reacción popular para enfrentarse a este fútbol comercial y llevarlo de vuelta al barrio?

ÁNGEL: Sí. Los hinchas del Manchester United –que no han dejado de ser hinchas del Manchester– hicieron un club paralelo para que responda a la expectativa de la gente. Y acá en España hay algunos casos similares. Es un paso. Pero el otro paso sería recuperar la propiedad de los clubes, cosa que es muy difícil, pero la cosa pasa por ahí. Se la han robado a los aficionados, se la han sacado de las manos y ya no les pertenece físicamente. Aunque les sigue perteneciendo emocionalmente. La propiedad es, como vos decís, de jeques árabes, de empresarios de Singapur, de China, de grandes empresas. Se la han robado a la gente. ¿Cómo se recupera?

MARCOS: Dijiste que cuando el dinero entra de lleno en el fútbol y se transforma en una empresa, la corrupción es inherente a la lógica del capitalismo y, por tanto, está presente en cualquier actividad. Hemos visto amaños de partidos, compra de árbitros, tu experiencia en Huracán creo que es significativa. El próximo Mundial se celebra en Catar, país cuya tradición futbolera es nula. Pero se compraron los votos. Se desarrollará a 40, 45 grados de temperatura, se va a cambiar incluso la fecha. ¿Qué más puede pasar?

ÁNGEL: Ahí tienes la corrupción al descubierto, todo el mundo ya lo sabe. Catar compró el voto a distintos países, es *vox populi* y no pasa nada, se acepta la corrupción como un hecho natural. El mundial se va a Catar, porque sobornó a varios dirigentes de distintos países para lograr las votaciones necesarias. También ocurrió con Alemania, que se descubrió después. Es como si yo dijera, bueno, está lloviendo, qué se le va a hacer. Pero ahí está la corrupción, más claro imposible. ¿Por qué se va a Catar? ¿Por una elección libre? ¡No! Se va a Catar por acciones ilegales, eso está descubierto, lo han confesado. ¿Y qué pasó? Nada.

MARCOS: ¿Sólo negocio? ¿El juego no interesa? ¿Es eso el antifútbol?

ÁNGEL: Es negocio fundamentalmente. El juego interesa cada vez a menos gente. Yo diría que es la negación del fútbol que conocíamos y nos hacía felices.

MARCOS: No hemos entrado todavía en lo apasionante del fútbol. Hemos hablado de todo lo que lo rodea, pero no hemos hablado de la esencia del fútbol: del juego.

ÁNGEL: Más adelante hablaremos del juego, pero antes me gustaría abordar también la intromisión de la tecnología que tiene que ver con el negocio. Porque la tecnología ha introducido programas, por ejemplo, para analizar partidos de fútbol, para los entrenadores y periodistas, que sirven poco o nada, porque el fútbol, como es un hecho cultural, no tiene nada que ver con la tecnología. Dice, por ejemplo, cuántos pases acertó el número 8 del equipo, pero no dice por qué acertó o falló, que es lo principal. Tal vez falló el pase porque el equipo no se movió bien, no encontró opciones de pase. Tampoco se puede medir la calidad del pase, que es lo esencial. Y lo esencial no es medible. Lo que es medible son datos que no sirven para nada. ¿Cuánto recorrió un jugador en 90 minutos? Y eso a mí no me dice nada, porque no sé si corrió bien, mal, para atrás, detrás de la pelota, a favor del juego, en contra, lo esencial no me lo dice. El VAR me habla de que el hombro izquierdo estaba un centímetro adelantado, por lo que anularon un gol a Cristiano Ronaldo. ¿Qué importancia puede tener eso en el juego? Ninguna. Es una cuestión tecnológica. El otro día le anularon un gol al Manchester City, porque el talón de un jugador, saliendo del área hacia su portería, estaba en posición antirreglamentaria, y la jugada siguió y el jugador se acomodó, le dieron un pase y dijeron que en la jugada anterior el talón estaba fuera de juego, o sea, la tecnología está invadiendo y convirtiendo el fútbol en otra cosa. Además, esos programas son muy caros y los entrenadores, por el miedo que tienen a que les digan que no son estudiosos, los compran, aunque no sirven absolutamente para nada. No me quiero detener en eso, tengo 80 mil ejemplos, pero sería muy largo.

MARCOS: Cuando hablamos de fútbol se pasa rápido, cuando hablamos de capitalismo parece que vamos más lentos (risas). Ya que mencionas el *big data*, podríamos profundizar luego en esta dimensión. Cuando se dice que sirve para mejorar las «prestaciones de un jugador», ¿no lo trasformamos en un robot? Parece que la transición del capitalismo analógico al digital se comió también el fútbol.

CAPÍTULO VI
Una alimentación no apta para futbolistas

Ángel: Hablemos acerca del capitalismo, la industria alimentaria y farmacéutica. ¿Qué es lo que comemos? ¿Qué hace el capitalismo con lo que comemos todos los días? La producción y distribución de los alimentos. La calidad de los alimentos. Esas cosas que están enfermando a la gente. Quería que hablases de ello, Marcos.

Tengo acá un libro, *La dictadura de los supermercados* de Nazaret Castro[1], donde se habla de lo que significa la industria alimentaria para la salud de la gente.

¿Qué significa el capitalismo en la industria alimentaria? ¿De qué manera algo tan importante como la alimentación es tratado en este sistema?

Marcos: La alimentación en el capitalismo es una forma de dominio. Es la manera de controlar el hambre, el gusto, los sabores. También las emociones. Una buena cena, un buen vino, un buen filete, unas buenas alubias, unas buenas fresas, etc. Como ves, si pones el adjetivo *buenas* por delante, cambia la percepción de lo que comes. E incluso lo que estás dispuesto a pagar con tal de que sea «bueno». No es una ensalada, sino una buena ensalada. ¿Y qué significa? Hoy se puede resumir en el llamado capitalismo verde. Ofrecer productos ecológicos, naturales y sin pesticidas. El gusto pasado por el tamiz de lo cultural, donde se trata de recuperar lo tradicional, las recetas de la abuela, y ponerlo al servicio del capitalismo. Los anuncios de fabada, ensaladas, platos preparados como si estuviesen hechos artesanalmente y puestos en el supermercado, las tiendas *gour-*

---
[1] Madrid, Akal, 2017.

met y los restaurantes de postín «con sello de autor». Sobre estos, sólo un inciso. Los chefs no cocinan para cualquier mortal, lo hacen para quien pueda pagarlo. Lujo y capitalismo van juntos. Sus menús degustación están pensados para bocas «cultas» que saben apreciar lo bueno. Nuevamente el dichoso adjetivo. Para el resto de los mortales, la gran mayoría, están los «sucedáneos». Por eso, la manera de alimentarnos se refleja en la salud y en la enfermedad según la clase social a la que pertenezcas. Déficit de proteínas, minerales, vitaminas, tiene consecuencias en las dentaduras. La caída temprana de los dientes es algo común en las clases trabajadoras.

Karl Polanyi, uno de los intelectuales más agudos del siglo XX, cuya crítica al capitalismo plasmó en su obra *La gran trasformación*, escribió *El sustento del hombre natural*. Los seres vivos, dirá, y en especial los pertenecientes al reino animal, es decir, nosotros, tenemos que satisfacer dos necesidades primarias. Alimentarnos para no morir y reproducirnos para no extinguirnos. El cómo lo hacemos marca la diferencia. El capitalismo ha transformado ambas necesidades en mercancías y las integra en su modo de vida. Modas culinarias e intereses de las transnacionales de la alimentación van juntos. Mira la cantidad de nuevos productos que aparecen y la mayoría producidos y comercializados por las grandes empresas. Hasta las hamburguesas vegetarianas las producen industrias cárnicas. Hemos sido atrapados en una vorágine alimentaria. Productos que contienen aditivos para potenciar sabores y dependencia. Llegar hasta aquí ha sido un largo y lento proceso. Agricultura de monocultivo, semillas transgénicas, granjas avícolas, ganadería extensiva, piscifactorías. Latifundios dedicados a producir soja para veganos, arroz integral, aceites vegetales, etc. Capitalismo verde por todas partes. Bill Gates es uno de sus promotores. ¿Las consecuencias? Es cosa de ver cómo se ha degradado y desertizado el sur de España con los invernaderos. Pero es igual en todo el mundo. Parece que las predicciones de Malthus se cumplen. Los alimentos crecen aritméticamente y la población lo hace geométricamente, aunque pienso que ha sido manipulada e instrumentalizada. La pérdida de biodiversidad y la sobreexplotación y especulación alimentaria, en manos de las compañías que controlan la producción y venta de todo cuanto pueda ser convertido en dinero y generar beneficios en la rama de la alimentación, nos llevan a un mundo más desigual, donde las transnacionales tendrán el poder de controlar el hambre, si no lo hacen ya. De allí las luchas de los campesinos en todo el mundo por conservar la biodiversidad, proteger sus formas de cultivos y, sobre todo, denunciar el capitalismo verde. Para eso nació Vía Campesina.

Países que eran autosuficientes e incluso exportaban trigo, arroz, maíz, cereales en general, hoy deben importarlos. Han perdido la soberanía alimentaria, tan necesaria para poder llevar a cabo un proyecto democrático y emancipador. Los alimentos cotizan en bolsa. La especulación financiera decide precios junto con Nestlé, Unilever, Danone o Kellogg's y la mismísima Coca Cola. La comida rápida o basura, con sus enfermedades, la obesidad, la hipertensión, la diabetes, se han convertido en pandemia. La industria alimentaria introduce cambios en la forma de consumir alimentos. Cada vez nos pertrechamos de ellos en grandes superficies comerciales, donde la publicidad controla los tiempos y selecciona a los compradores por sexo, edad y deseos. Llenamos el carro con un montón de congelados, de alimentos procesados. Fíjate el solo hecho de tener neveras, congeladores y nuevos aparatos como el microondas permite comprar en grandes cantidades. Los carros de la gente van hasta arriba, ¡claro, el que puede permitirse ir a comprar al supermercado! Además, la alimentación industrial se relaciona con el tiempo de ocio. Mientras ves el partido de fútbol, descongelas una pizza. Si ves una película, cocinas palomitas. Y así toda acción tiene su alimento respectivo. Las nuevas tecnologías permiten congelar, producir y vender cualquier alimento listo para calentar en el microondas. No pierdas tiempo cocinando, nosotros lo hacemos por ti, ese es el mensaje. Disfruta de tu tiempo; ya no digo en el cine, allí te ofrecen de todo para comer. Es una concepción de la vida. Por eso comencé respondiéndote que el capitalismo controla, mediante la alimentación, los estados de ánimo, cuando no los induce y los crea. Toma helado si estás deprimido, chocolate si necesitas un subidón de ánimo y te quieres a ti mismo. Los estudios que la industria alimentaria realiza para saber cómo responde el organismo, en especial nuestro cerebro, a determinados estímulos es una parte destacada de sus gastos e inversiones.

ÁNGEL: En perjuicio de la salud de la gente. Una muestra, una más, de que al capitalismo sólo le interesa el dinero y todo lo demás lo usa para ese objetivo.

MARCOS: Por supuesto. Además, la dirección que ha tomado la industria alimentaria, que se ha convertido en un lobby cuyo poder es capaz de echar por tierra leyes, modificar decisiones de la OMS, de la Unión Europea, enfrentarse a Gobiernos, hacer campañas difamatorias contra biólogos, nutricionistas y patrocinar sus propios estudios manipulados, cobra mayor relevancia con la transición del capitalismo analógico al capitalismo digital. El *big data* y los algoritmos son capaces de mejorar la producción de leche, acelerar el crecimiento de plantas, controlar el ganado mediante drones. Saber qué, cuánto y dónde deben comer. Es el llamado internet de las cosas. El *big data* permite cruzar información para saber cómo actúa el sistema nervioso de las vacas si escuchan música, comen pienso compuesto, salen a pastar a las seis o siete de la mañana o están en un establo las 24 horas del día. Eso significa el *big data*. Curiosamente, los programas, las interconexiones, el control de la alimentación de transgénicos de última generación, son potenciados por la fundación de Bill Gates y Melinda Gates. ¿No te parece extraño? Bill Gates es un gran terrateniente. En su poder, un total de 108 mil hectáreas de tierras agrícolas, sólo en Estados Unidos. En América Latina patrocinan el cambio hacia una agricultura y comercialización controladas mediante sus aplicaciones y la utilización de la inteligencia artificial que les permita obtener más beneficios. Eso sí, recubiertos de una acción humanitaria para acabar con el hambre (*sic*).

Ángel: Cuanto más se interesa uno, Marcos, más descubre la realidad del capitalismo y te pone los pelos de punta.

Marcos: Mira, acabo de leer un estudio realizado por biólogos, ecologistas y medioambientalistas latinoamericanos que destapan cómo la compañía BASF, una de las grandes empresas que producen fertilizantes, pesticidas y todo tipo de agroquímicos, se ha pertrechado de un superordenador que busca concentrar la información de los nutrientes de la tierra, la humedad, el clima, el tipo de arado que se requiere, para construir una máquina no tripulada capaz de relacionar dicha información a la hora de sembrar, regar o controlar plagas. Pero este superordenador también es capaz de albergar algoritmos para el control de los gestos, de la biométrica, en cerdos y vacas para modificar sus conductas y rentabilizar mejor sus carnes y producción de leche. En las vacas, por ejemplo, una aplicación para que los succionadores de ubres produzcan placer o molesten las ubres. Y eso controlado por no más de una docena de empresas. Mira, te leo una parte del informe:

> Carne sintética ultraprocesada. Material celular con sabor a pollo o pescado, huevos artificiales, semillas de maíz, soja, girasol y también todas las frutas, hortalizas y verduras sometidas a la modificación genética mediante una nueva técnica CRIPS, cortar y pegar ADN, campos despoblados controlados por drones teledirigidos y programables para sembrar, medir variables y seguir fumigando con nuevos combinados agrotóxicos y fertilizantes sintéticos con la incorporación de *software* de precisión para mapear y recolectar toda la información de los recursos biológicos y genéticos. Automatización de los procesos físicos de cosecha y todas las etapas de la agricultura intensiva, en la que las máquinas deciden por sí solas. Supervacas, supercerdos, superpollitos bebés resultantes de la biotecnología aplicada sólo para incrementar la

producción, sin ningún reparo a los riesgos de la salud humana y la anulación por completo de los saberes de miles de años de agricultores y agricultoras, es parte de lo que hoy -en junio de 2020- se va a plantear para el futuro en el consejo de ministros de Argentina. ¿Quién está detrás? Bill Gates.

Ángel: En deterioro flagrante de la salud de la gente. Ahora vas a un restaurante y te dicen «tenemos pollo de corral», como si fuera una cosa rara, pero ¿acaso los pollos no son de corral? Claro, ya no son de corral, son de esos pollos que ponen con lámparas a picotear todo el día. No tiene nada que ver con el pollo, ni la carne de vaca con la vaca. Y los fertilizantes que en Argentina Monsanto esparce sobre los cultivos de soja o cereales causan muertes por cáncer, deformaciones en los fetos de las mujeres embarazadas y no tienen ninguna sanción. Se queja la gente y no le dan bola para nada. Tienen un poder absoluto.

Marcos: Como hemos visto, sobrepasa el control del Estado. El beneficio por encima de la salud. Pero eso ya lo hemos apuntado. Mira en esta pandemia de la covid-19; los Estados son prisioneros de las políticas diseñadas por las transnacionales de la alimentación. En Chile está prohibido saber la geolocalización de las empresas de la soja, entre otras, igual en Argentina, Paraguay y Brasil, por la forma en la cual trabajan los jornaleros. Estudios que señalan la relación entre el uso de agroquímicos y la mayor esterilidad de las mujeres. No menos que la fumigación mientras se trabaja. En las plantaciones de café es muy habitual. Guatemala, El Salvador, Centroamérica en general. Los estudios llevan décadas con la luz roja encendida. Otro tanto ocurre con la trasmisión de las enfermedades zoonóticas. La peste porcina, las vacas locas y la mismísima covid-19. Ni que decir de los problemas derivados del uso de antibióticos en las piscifactorías. Los salmones chilenos cultivados en el Sur, en las granjas de peces, tuvieron que ser sacrificados. Apiñan tantos salmones en tan poco espacio de agua que enferman. Se comen sus excrementos, se contagian. La solución:

antibióticos. Su carne lo absorbe. Igual las frutas y los pesticidas. Otro ejemplo de Chile pasó con la exportación de uvas contaminadas. Pero se silencia. Ese es el poder de las transnacionales. Se come salmón chileno contaminado. En Colombia pasa igual con la producción de aceite de palma. Las relaciones entre los grupos paramilitares, los empresarios, los terratenientes y las transnacionales han quedado demostradas en estudios bien fundamentados. Mira, acabo de dirigir una tesis de maestría de un estudiante colombiano, no doy el nombre para no comprometerlo, brillante por lo demás, donde explica y detalla los vínculos entre empresas, oligarquías, guardias blancas y Gobierno. Y mira, luego te venden la moto. Nestlé aparece como una empresa que cuida la salud de los niños, fomenta el comercio justo y está para proteger el medioambiente y contra el calentamiento global.

ÁNGEL: Cuando hubo que denunciar el cambio climático, uno de los patrocinadores del congreso que hubo en Madrid era Nestlé. Una total incongruencia, Marcos. Es como si un torturador hace campaña en favor de los derechos humanos.

Cómo cambian las cosas. Cuando éramos niños lo más sano que nos daban las madres para incorporar el hierro era un filete de hígado. Si ahora te dan filete de hígado, te tienen que ingresar a los dos minutos, porque tienen de todo, están llenos de toxinas, de antibióticos, un desastre.

MARCOS: Sí, es verdad. Mira las contradicciones en las cuales están los movimientos animalistas. Todas las denuncias sobre las maneras en las cuales se engorda y transporta el ganado, las aves, llevan a las empresas a buscar alternativas y son las más beneficiadas. Dietas veganas, zumos «bío», comida sana. Pero nada se dice de la forma en que se produce, se explota y se vende en el mercado desvinculando el producto del productor. Kellogg's, Nestlé, Unilever, Danone, en fin, patrocinan dietas y fomentan un consumo responsable. Por ejemplo, zumos naturales, comida *light*, vegetariana, baja en grasas, sin gluten, desnatada, baja en sal. Vamos, toda la gama alimentaria. Y qué decir de las cárnicas y sus anuncios publicitarios: «Nuestros animales están bien cuidados, pastan libremente, comen cuando les apetece, no son engordados artificialmente». Ángel, tú lo has enunciado perfectamente. Se anuncian huevos de corral, pollos camperos de granja producidos sin estrés. Una mentira como cualquier otra. Todos esos huevos son producidos para el mercado, por tanto, racionalmente y calculando su precio de explotación y de venta. En definitiva, la gente no cría gallinas para comerse su carne o sus huevos, lo hacen para el mercado capitalista. Y como han creado el mensaje, lo asimilas y pagas más por el huevo de corral. Es más, te sientes colaborando con el medioambiente y la producción sustentable; otra gran mentira. Apelan a tus emociones. Una gallina estresada y un pollo en cautividad te producen rechazo y no lo quieres en tu plato. Es el tiempo de la dieta verde, edulcorada y presentada para el consumidor de forma atractiva. Modelos, sean hombres o mujeres, cuerpos diez que se alimentan de desnatados, bífidus activos, pan integral, chocolate puro, caldos caseros, pastas sin gluten, leche recién ordeñada, la lista la puedes continuar hasta el infinito. Te meten dietas imposibles, barritas energéticas, siropes, ensaladas, etc.; eso sí, publicitadas por médicos, farmacéuticos... Así tienen más credibilidad, pero siguen siendo una mentira. Es como el anuncio de zumo 100 por 100 natural con todas sus vitaminas. Dietas que están íntimamente relacionadas con el aumento de trastornos alimentarios en jóvenes y adolescentes, la anorexia, la bulimia o la obesidad.

ÁNGEL: En el libro *Fast foot nation*, donde se trata el tema de la comida rápida en Estados Unidos, se habla de la obesidad, de la cantidad de gente que se convierte en obeso, diabética y 20 mil enfermedades más, porque eso no lo controla nadie, los pollos fritos, las hamburguesas que son carne de cualquier cosa, grasa pura... Pero también tenemos que hablar de la distribución de la comida, porque está en los supermercados en manos también de cuatro o cinco firmas, y cómo todo está colocado para llamar tu atención, para que consumas esto y lo otro. Ponen todo el escenario y te van conduciendo por las góndolas. Y resulta que cuando vas al supermercado a comprar un kilo de azúcar que te hacía falta, acabas comprando el kilo de azúcar, tres chupachups, un ambientador, un kilo de bananas, un chocolate que encontraste en el camino... y uno iba a comprar un kilo de azúcar *(risas)*.

También me alarma la falta de información legible y comprensible en la mayoría de las etiquetas acerca de la composición de los alimentos.

MARCOS: Claro, la alimentación es un sector donde están imbricados muchos otros. La industria del plástico, del vidrio, de la conservación química y sus derivados, la publicidad, la distribución, la investigación financiada por las empresas, suma y sigue...

ÁNGEL: ¿Cómo es posible que digan «este yogur baja el colesterol», cuando es absolutamente falso? ¿Cómo es que permiten eso? Bueno, eso y tantas otras cosas.

MARCOS: Eso tiene que ver con el lenguaje, lo que hablamos al principio. No te dicen que reduce, *sino que ayuda a reducir*. Ese *ayuda a* implica que no es una publicidad engañosa.

ÁNGEL: Es incomprobable eso de que te ayuda a bajar el colesterol. Pero, Marcos, aparte de esto de la alimentación está la industria farmacéutica, lo que hace con los medicamentos, lo que hacen con la salud, con la privatización.

Tengo este libro de Ángeles Maestro, *Crisis capitalista y privatización de la sanidad. El capital y sus cómplices políticos y sociales*[2].

MARCOS: Sí, es muy clarificador.

ÁNGEL: Entonces, sabes que cuando uno lo lee dan ganas de salir corriendo, pero sin saber para dónde, porque es tremendo. Igual pasa si lees el que dijimos antes de la comida rápida, y otros tantos que denuncian estas cosas. El capitalismo, lo dijo el papa, ni Marx ni Rosa Luxemburgo, no, el papa, es un siste-

---

[2] Madrid, Cisma, 2013.

ma que mata. Efectivamente, el capitalismo es un sistema que mata, y no es ninguna exageración.

Marcos: Mata, pero desigualmente. El papa debería haber dicho que es un sistema de explotación y de clase que mata a los sectores populares, porque son los que sufren las consecuencias directas de la especulación, del neoliberalismo. El hambre no es natural, es un hecho social destinado a lograr la sumisión de la gente. Sólo te recuerdo cuando en las guerras se corta el suministro de alimentos, agua, luz y se acosa y se pone cerco. El objetivo es que se rindan. Pero se puede hacer lo mismo bajo la economía de mercado y que parezca un hecho natural. Siempre han existido ricos y pobres, dicen, y así se quitan el problema de encima. Las desigualdades sociales en el capitalismo son parte de su organización. Basta ver como se distribuyen los servicios en las grandes ciudades. Las zonas verdes, el trasporte, las escuelas, los centros de salud, los hospitales, el acceso al agua, la luz en las calles. Las clases trabajadoras y populares sufren carencias estructurales, las que nunca padecen las clases dominantes y los sectores medios privilegiados. Como ejemplo sirva el corte de luz de las compañías privadas en la Cañada Real de Madrid. Ni el ayuntamiento ni la comunidad, claro, gobernados por la derecha en pleno, se quieren responsabilizar. VOX, PP y Ciudadanos se limitan a repetir lo que les manda Iberdrola. No les importan las familias que viven allí. Prefieren decir que se debe a tomas de cables para plantaciones de marihuana que colapsan el servicio. Y qué más da el motivo. No hay excusas. Mayores, jóvenes, niños, son los damnificados. Iberdrola campa a sus anchas. Así, meses y meses, y luego se habla de democracia.

Ángel: Han hecho una encuesta acerca de la expectativa de vida en Madrid. Entre los barrios más explotados y empobrecidos y los barrios de los ricos hay una diferencia de cinco años en favor de los ricos. Me parece poco. No sé el valor de la encuesta.

Marcos: La diferencia entre la expectativa de vida de quien forma parte de la burguesía y la de un trabajador es de dieciséis años a favor de la burguesía y los sectores medios. La diferencia se incrementa si se está en paro y a medida que la pobreza se ceba con los más pobres. ¿Cómo lo podemos explicar? Sin trabajo, sin subsidios de desempleo ni prestaciones, la hucha está vacía. Son las colas del hambre. La crisis de la pandemia de la covid-19 lo pone de manifiesto. La disyuntiva es comer o ir al dentista. Pagar el alquiler o comprar los medicamentos. Por eso en los barrios más populares vemos que a la gente le faltan piezas en la dentadura, ir al dentista es un lujo, no tienen medios económicos para empastes ni endodoncias. La estética de la salud es también un problema de clase. Las farmacéuticas forman parte de esa lógica. Una sociedad enferma es rentable para sus intereses.

CAPÍTULO VII
Los empresarios privatizan el juego

Marcos: Para continuar con nuestra conversación retomemos la entrevista al presidente de la Confederación Española de Organizaciones Empresariales (CEOE), Antonio Garamendi, en la cual expone su visión sobre la relación existente entre el deporte, la empresa y el fútbol. Afirma que la transformación del fútbol en gestión empresarial es motivo de alegría, ya que potencia dicha marca. Su ejemplo lo encuentra en la actual situación. Los estadios están vacíos, pero llenos de publicidad estática donde poder anunciar productos y dar a conocer dicha marca. Para él, el fútbol debe ser manejado como una empresa. El empresario decide sobre su gestión, el juego no le interesa. En este mismo sentido se ha manifestado el empresario dueño del Villarreal, Fernando Roig. Pero fue más explícito, dijo literalmente que no sabía nada de fútbol.

Ángel: Al fútbol lo mataron muchas veces. Siempre resucitó, pero cada vez que lo matan queda malherido. Y ahora me parece a mí que le están asestando el golpe de gracia. Es un proceso de expropiación que hace el negocio para quitárselo, como hemos dicho, a la gente. Lo sacan de donde nace, excluyendo a los verdaderos propietarios, los propietarios sentimentales, porque el club reúne un mismo sentimiento de un barrio, de una ciudad, dándole un sentido de pertenencia, una posibilidad de reunirse y compartir. El juego representa ese sentimiento colectivo. El negocio no tiene sentimientos y mucho menos respeta a los aficionados. Lo único que respeta es el dinero, como ya hemos dicho, pero vale la pena insistir, porque siempre tratan de ocultar esta verdad. Por lo tanto, ese proceso de expropiación significa que ya casi casi se lo han arrancado del todo a la gente.

Ahora, se atreve a decir un empresario qué es el fútbol, quitándole su significado. Su significado profundo y de origen. Garamendi borra el significado y dice que el fútbol es una empresa. No es cierto, es una empresa para ellos, que son empresarios. Dice: «Hay que ponerse contento», porque eso significa negocios para ellos. Es un hecho, y no me cansaré de decirlo, nos han expropiado el fútbol, como nos han expropiado la sanidad, la educación, los servicios públicos, la cultura, los recursos naturales... todo lo convierten en un negocio. El fútbol también y, por lo tanto, dicen que lo tienen que manejar los empresarios.

MARCOS: Disculpa, Ángel, ¿ya no es necesario que el presidente de un equipo tenga sentimientos por el club?

ÁNGEL: Ni conocimiento del club. Ni conocimiento de la cultura futbolística de esa región. El dueño del Valencia está en Singapur (es un ejemplo muy significativo) y creo que ha venido a Valencia muy pocas veces. Él maneja acciones y empresas, como los grandes empresarios de las multinacionales que se esparcen por todo el mundo.

Manejar el fútbol como empresa es menoscabar o apartar el juego, el juego no interesa, no tiene ningún valor propio, lo que interesa es la publicidad, el negocio. El jugador se transforma en un trabajador. Hay una frase muy acertada de Eduardo Galeano de hace años en la que dice que el fútbol ha emprendido un triste viaje del placer al deber. Entonces lo que era un placer para el jugador y el espectador se convierte en un deber, en un trabajo, porque si no gana el equipo pierden valor las acciones. Ganar no es una posibilidad del juego, sino una obligación, lo que hace que cada vez se juegue con mayor estrés y más presiones y con menos libertad, creatividad y entretenimiento. Eso es lo que dice Garamendi, un atrevido al hablar de fútbol, porque no tiene ni idea. ¿A que no permite que un trabajador le cuestione cómo manejar una empresa? Pero él se permite decir cómo hay que manejar un club de fútbol, porque como tiene dinero, y el dinero tiene poder, le parece que él tiene derecho a decir eso. Me refiero a él como sinónimo de todos los empresarios, que les parece que tienen derecho a apoderarse de todos los bienes populares y convertirlos en negocios donde los mayores beneficiados son ellos.

MARCOS: La racionalidad del capital acaba con el placer del jugador para jugar y ser creativo; se transforma casi en suplicio. ¿Implica un concepto distinto del juego y del jugador? ¿Ya no se disfruta?

ÁNGEL: El jugador cada vez está más limitado en su creatividad, está cada vez más obligado a cumplir lo programado. Los entrenadores que están en la banda están permanentemente haciendo señas, aunque llueva no se mueven de ahí, porque creen que los jugadores son títeres y pueden ser manejados desde afuera. Ponete aquí, allá, salí, entrá, corré... ¿Y dónde está la creatividad del jugador, la libertad del juego? Por suerte, los jugadores no los miran, ni los escuchan, porque no se puede jugar y mirar al mismo tiempo. Sin embargo, esto se repite porque, como ya dije, el periodismo ha creado el mito del entrenador implicado en el partido. Y se olvidan de Del Bosque, que no intervenía para nada durante los partidos y, sin embargo, fue campeón del mundo y de Europa. ¿Eso no vale?

En Argentina hay una anécdota que se llama «el penado 14». «Murió haciendo señas como el penado 14.» Parece ser que había un preso en la cárcel, en la celda 14, que estaba haciendo señas porque se estaba muriendo, pero nadie le hizo caso. Los entrenadores son ahora el penado 14, que hacen señas para nadie, pero hacen señas porque el negocio de los Garamendis exige un entrenador activo y que haga señas como un titiritero.

MARCOS: En el fondo cada uno cumple una función. El entrenador y los futbolistas. Juegan en función del espectáculo. ¿Se sienten encorsetados?

ÁNGEL: Por supuesto, el jugador de fútbol está cada vez más exigido a responder en función de la necesidad del triunfo. Quiero decir, que no se atreve a arriesgar, porque no se perdona el error, que forma parte del juego indudablemente. Después hablaremos de fútbol específicamente y veremos que no se trata de jugar por jugar.

MARCOS: El futbolista, aparte de presionado por el público y los medios de comunicación, ¿puede salir frustrado si le mandan a realizar un esfuerzo estéril que limita su propia libertad de juego? Por ejemplo, yo doy clases de Sociología con mi programa, pero si me dicen que tengo que dar otro programa me frustraría. ¿Podría pasarle lo mismo al futbolista, que no pueda desarrollar todo su potencial al estar sometido a la dictadura de lo que le dicen tiene que hacer?

ÁNGEL: Partamos de la base de que un equipo de 11 jugadores necesita un orden, y que el jugador tiene que respetar ese orden, porque si no es un lío terrible.

MARCOS: Claro, no es una pachanga de barrio.

ÁNGEL: No, claro. Tampoco quiere decir que el jugador pueda hacer lo que le dé la gana y el lateral derecho terminar de extremo izquierdo tirando un caño. No, eso no se puede, simplemente porque hay un orden como punto de partida. Los jugadores tienen obligaciones y tienen posibilidades. Si yo le doy al jugador muchas obligaciones, le estoy restando las posibilidades. Y tampoco es que el jugador tenga todas las posibilidades y ninguna obligación, porque entonces no se respeta el orden y, como dijo Lenin cierta vez, «no hay arte sin disciplina». Tiene que haber una disciplina, pero si todo es disciplina u orden entonces no hay creatividad. ¿Qué posibilidades tengo encerrado en un orden estricto? Ninguna. Es igual que en una sociedad; puede haber un orden para la libertad o para la represión. Es lo mismo, bueno... parecido. Teniendo en cuenta esto, hoy el jugador se siente limitadísimo en sus posibilidades.

MARCOS: La disciplina, la libertad y los factores que están dentro del campo de juego presuponen que el fútbol no es diferente a una organización jerarquizada y con un mando único. Si hablamos del fútbol como algo colectivo, te pregunto: ¿qué es jugar bien?

ÁNGEL: Primero, empiezo diciendo que si alguien pregunta qué es jugar bien en el fútbol, eso significa que algo está mal, que han cambiado algunos valores. Porque esa pregunta no existía hace unos años. Todos sabíamos qué era jugar bien.

Segundo, es lo mismo que si tu hijo pregunta: «Papá, ¿qué es ser buena persona?». Desvela un problema, porque antes no se preguntaba eso, antes decíamos fulano de tal es buena persona y ya sabíamos qué quería decir. Vos cuando eras niño decías «vamos a ver a la Universidad de Chile que juega bien» y ya sabías lo que era. No hacía falta que viniera Aristóteles, Kant ni Sartre para explicar lo que es jugar bien. Pero ahora sí es necesario. Porque como el juego cada vez más se ha dejado de lado y sólo importa el resultado, todo lo que sirve para ganar aparentemente estaría bien, y todo lo que no sirva para ganar no vale, aunque el equipo haya jugado bien. ¿Qué es jugar bien? Muchas veces uno sabe qué es una cosa, aunque no pueda precisarla. Si pregunto de improviso, ¿qué es una puerta?, no es fácil definirla. Una puerta es algo que se pone para entrar y salir, pero eso también puede ser una ventana. Tengo que pensar qué decir, aunque sepa qué es una puerta. Leí por ahí que alguien decía: «Sé lo que es el amor, pero, si me lo preguntan, ya no sé lo que es». Para empezar, te diría que jugar bien es lo que hacía el Barcelona cuando lo entrenaba Guardiola o lo que hacía la selección española cuando ganó la Copa del Mundo y las dos Copas de Europa. Podría decir sólo eso, pero trataré de explicarme un poco más.

Un equipo tiene que saber recuperar la pelota y saber defender. ¿Dónde se recupera la pelota? En distintos lugares de la cancha. ¿Dónde se defiende? En el área, en la zona donde el adversario puede marcar gol. Tienen que saber recuperar, saber defender, saber elaborar la jugada. Porque se trata de la tenencia de la pelota, pero dicha tenencia no es tenerla por tenerla para que no la lleve el rival; la tengo para elaborar una jugada de gol, llegar limpiamente a una situación de gol. Si un equipo elabora bien y crea muchas situaciones de gol, está jugando bien. Y, por último, la definición. Un equipo puede definir bien o mal, puede tener definición o no. Entonces, ¿qué es jugar bien? Que un equipo sepa defender, recuperar la pelota, elaborar y definir. Eso sería jugar bien.

¿De dónde se parte? De la pelota. Es imposible jugar bien sin la pelota. A pesar de que ahora hay equipos que juegan a no jugar y los periodistas dicen «¡qué bien juega sin la pelota!», eso es una contradicción. Es como decir «este nadador es un gran nadador sin el agua», eso no se puede entender.

¿Por dónde uno comienza a enamorarse del juego? Uno comienza por enamorarse de la pelota. Y a partir del enamoramiento de la pelota, uno se enamora del juego. Por lo tanto, el fútbol comienza con la pelota como centro, como lo más importante del juego, y continúa con las cuatro acciones que traté de explicar. No hace falta decir que ese es mi punto de vista. Hay otros que le dan más importancia a la táctica, a lo programado previamente.

MARCOS: Llegamos entonces a algo que es fundamental, lo principal en el fútbol es querer el balón, tratar bien la pelota. Dices que jugar a no tener la pelota es un contrasentido. Ahora, ¿cómo se trata bien la pelota? Mi hija es una enamorada del fútbol, pero del buen juego, de lo contrario se aburre. Una aficionada exigente *(risas)*. Cuando vamos al campo, hay ocasiones en las cuales me dice «me aburro». Pero cuando el equipo juega bien, surge la pasión, aunque pierda tu equipo. No hubo suerte, pero jugaron bien.

ÁNGEL: Has dicho una palabra clave, en un juego –cualquier juego– interviene la suerte. Y también jugar bien significa quitarle posibilidades a la suerte. Trataré de explicarme.

Si tiráramos una falta Messi y yo, en mi caso dependo de un 99 por 100, bueno, vamos a ser menos modestos, de un 90 por 100 de suerte, y Messi depende de un 10 por 100, porque le pega muy bien. Cuanto mejor juego, menos suerte necesito; cuanto peor juego, más suerte necesito. Pero la suerte interviene.

MARCOS: Interviene la suerte y también el error humano. Sin embargo, cada vez que un futbolista comete un error es recriminado, insultado y falta poco para que lo lleven a la hoguera. Y pasa con el portero, con el defensa, con el delantero. Parece que equivocarse no entra en el juego.

Ángel: Estás hablando de un concepto fundamental del juego, no sólo del fútbol, que es el riesgo. Si uno juega, es porque acepta arriesgar; si no deja de ser un juego. Vittorio Gassman decía que el teatro sin riesgo no es nada. Y el fútbol sin riesgo tampoco es nada. Pero ahora, por eso de convertir el fútbol en un trabajo, en una empresa, tratan de eliminar el riesgo. Por eso los partidos son aburridos y por eso tu hija se aburre, porque el jugador arriesga cada vez menos. Si un jugador tiene que arriesgar en un regate, en un pase, en una pared, se inhibe y trata de buscar lo seguro. Entonces hay mil pases antes de superar la mitad de la cancha, y es lógico que cause aburrimiento. Nadie se anima a tirar una pared o a regatear a un contrario, porque si arriesgo y me equivoco, como vos decís, no solamente me regañan, sino que me quitan del equipo. Entonces no arriesgo y el partido es aburrido. El fútbol se convierte en algo previsible, rutinario, en vez de ser, como decía Dante Panzeri, el arte de lo impensado.

Marcos: En función de lo que apuntas, el fútbol se ha vuelto rutinario. Antes el fútbol no estaba tan condicionado por la televisión y la repetición de las jugadas, Si se pitaba un penalti, no había moviola. Dependía de si un fotógrafo captaba el instante. Al día siguiente se buscaba en los periódicos deportivos. Ahora una jugada se repite una y otra vez, miles de veces, dando lugar a un debate al margen del fútbol. Es decir, un fuera de juego da para hablar de cualquier cosa en las tertulias.

Ángel: Eso ha ocurrido siempre, Marcos (*risas*).

Marcos: Sí, pero imagino que influye, porque un futbolista que esté siendo atacado todos los días, cuando salga a jugar lo hará con miedo y pendiente de las críticas, aunque ellos digan que no los afectan. Son seres humanos. ¿Hasta qué punto los medios de comunicación han cambiado el fútbol?

Ángel: Los medios de comunicación y, sobre todo, la televisión forman parte del negocio. Y tampoco les interesa el juego. Recuerdo un día que me acerqué a un cámara de una televisión de acá de España y le pregunté «¿por qué repiten una falta intrascendente en medio del campo, con dos o tres tomas, mientras el juego sigue?» Y me contestaba que eso adorna la trasmisión. Insistí en que lo que yo quería ver era el juego. Entonces me explicaba que en la familia hay mucha gente y no a todos les interesa cómo continúa el juego, sino que prefieren ver otras cosas, quieren comprobar, comentar, etcétera.

El partido por televisión implica la colocación de una cámara de arriba en el techo. Me pregunto para qué. Porque nos cambian el ángulo y nos repiten la jugada desde perspectivas diferentes, y uno se pierde y deja de saber qué es lo que está viendo. Perdés la jugada que se está desarrollando. Te quitan el momento y elaboran un producto.

Además, ese cámara que te acabo de mencionar me dice algo así como que, si el partido es aburrido, lo adornamos. Pero si el partido es aburrido, es aburrido, ¿no? Eso no les interesa, porque se va la gente. Interesa mantenerla pegada a la pantalla, y no sólo a la gente que le interesa el fútbol, sino a la mayor cantidad de personas, porque esa es la venta de la que habla Garamendi y que ya hemos citado. Cuantos más espectadores, más publicidad y más cara. También el periodismo distorsiona el significado del fútbol. Vázquez Montalbán, a propósito del periodismo, dijo que se confunde lo interesante con lo importante. ¿Lo importante qué es? El juego. ¿Lo interesante qué es? Los detalles. Pero un detalle que es interesante anula lo importante, que es el juego. Eso es lo que hacen los medios de comunicación, sobre todo la televisión.

MARCOS: Si hemos dicho que jugar bien es recuperar, defender, elaborar y definir, y hemos hablado que se puede jugar mal y ganar; me gustaría hacerte la pregunta contraria: ¿qué es jugar mal?

ÁNGEL: Bueno, jugar mal sería hacer todo eso pero mal. Es decir, no organizarse para recuperar la pelota, no manejar los conceptos para defender, tirar pelotazos a cualquier lado en vez de pasársela a un compañero y no acertar a la portería cuando tiro a gol. Te di una respuesta muy simplista para no extenderme demasiado. Creo que de todos modos se entiende.

MARCOS: Desde el punto de vista del sentimiento del aficionado, ¿no preferiría ganar todos los partidos, aunque sea por 1-0 y de penalti en el último minuto?

ÁNGEL: Es posible. Pero no todos. Ganar es lo primero, pero no lo único. Hay hinchas que cuando llegan a casa se sienten vacíos si su equipo no jugó bien, aunque haya ganado y estén contentos con el triunfo.

MARCOS: Cierto, conozco a varios así. Yo mismo. Creo que dejaste pendiente qué es tratar bien la pelota.

ÁNGEL: Es verdad. A ver si puedo responderte. Cuando pregunto a los aficionados, a los periodistas, inclusive a gente del fútbol ¿qué es lo más importante del juego?, me dicen que el gol. Yo creo que no, que lo más importante del juego es el pase. Porque es lo que nos va a permitir llegar al otro arco jugando bien. Claro que también podemos meter un pelotazo y que Dios nos ayude, pero en ese caso estaríamos apostando a la suerte, no a nuestro juego.

Si lo que queremos es jugar bien, lo más importante es el pase. ¿Cómo tiene que ser el pase? Tiene que ser de calidad, es decir, no tiene que ir ni demasiado adelantado ni atrasado ni muy fuerte ni muy débil ni muy alto, porque si no el compañero tendrá dificultades para controlarla. El pase tiene que facilitar la carrera al compañero para seguir jugando. Para eso el equipo tiene que dar opciones de pase. Y ello lleva a otro concepto del buen juego: el que tiene la pelota no corre, deben correr los que no la tienen. Si yo tengo la pelota y no tengo opciones de pase, porque mis compañeros están marcados y no se desmarcan, ¿qué hago? Es posible que empiece a correr con la pelota y a jugar mal. Entonces, tratar bien la pelota es pasarla bien, es controlar bien, es pegarla bien para que vaya donde el jugador quiere. Eso es tratar bien la pelota. Y sobre todo, como decían antes los entrenadores de juveniles como premisa número uno, «dásela a uno de tu misma camiseta», porque si no la cosa es complicada.

Una vez, estaba dirigiendo un equipo -y no voy a decir cuál- y puse a jugar camisetas rojas contra camisetas blancas. El entrenamiento era un desastre, paré y dije: «Vamos a ver, muchachos, empecemos de cero, los de la camiseta blanca tienen que darles la pelota a los de camiseta blanca y los rojos a los de camiseta roja, porque de lo contrario esto no empieza nunca». Y aunque parezca una simpleza, es la exigencia primordial si querés jugar bien.

MARCOS: Con respecto a lo que permite jugar bien en la gente, me contaste privadamente una experiencia que viviste cuando dirigías a Huracán, en Buenos Aires, y me gustaría que la cuentes para quien lea esta conversación, porque me parece muy demostrativa.

ÁNGEL: Bueno, al menos a mí me resultó muy gratificante. Cuando estaba dirigiendo a Huracán en 2009 –un equipo que realmente jugaba muy bien–, los hinchas compraron un cartel de publicidad de esos que hay en los caminos, en la ruta de Buenos Aires a Mar del Plata, y antes de que terminase el campeonato pusieron: «Gracias, Huracán, por tanto fútbol». Había pancartas que decían: «Gracias, jugadores y cuerpo técnico, por el juego». Eso en todas las canchas donde íbamos. Y no había terminado el campeonato; es decir, sin tener en cuenta el resultado final. Terminó y no pudimos salir campeones, ya que hubo errores increíbles del árbitro en el último partido. Errores bastante habituales en el fútbol argentino, que todo hay que decirlo. Me contrata River y vuelvo a la cancha de Huracán como rival. Tuve un recibimiento tan cariñoso de la gente que nunca lo olvidaré; por ahí vi una pancarta que decía: «Nunca más nos podrán decir que ganar es lo único importante». Eso es una maravilla. Lo tomé como un legado que había dejado ese equipo de 2009, que aun sin haber sido campeón los hinchas de Huracán agradecían el juego que hizo, las emociones que generó.

MARCOS: Voy aprendiendo con tus explicaciones. Ya puedo entender qué es jugar bien, que la gente prefiere ver buen fútbol, sabemos que hay que tratar bien la pelota, que no hay que ser resultadista.

ÁNGEL: No, no. No hay nadie más resultadista que Guardiola en el mundo. Claro que somos resultadistas. Pero cómo buscamos el resultado es la diferencia. Claro que quieres dar buenas clases y que el alumno te siga, pero para eso no dices tonterías, ni haces demagogia ni buscas que los estudiantes te aplaudan; como profesor das la mejor clase posible, y quieres que el alumno aprenda y te quiera. Y quienes tienen un programa de radio quieren lo mismo. Si eres cineasta quieres que la película la vea todo el mundo, pero no vas a hacer *Rambo*, vas a hacer la mejor película posible. Claro que somos resultadistas, la cuestión está en cómo quiero el resultado.

MARCOS: Hay equipos que dicen «yo salgo a empatar, porque no le puedo ganar a este equipo». Eso implica degenerar el propio juego, ¿no?

ÁNGEL: Primero implica una gran ignorancia, porque no hay recetas para empatar. No hay nada que indique que de esta manera se empata o de esta otra se gana, o de esta se pierde. Bueno, para perder sí hay receta, eso es evidente. Pero para ganar o empatar, no. Si uno sale pensando eso, juega a no jugar, porque se cree inferior, y si sos inferior, como esto no es una cuestión de táctica, sino de calidad de los jugadores, pues te van a ganar los que son mejores y lo único que vas a conseguir es aburrirte, correr detrás de la pelota todo el partido, desesperarte y perder. Insisto, no hay recetas para ganar y es importante tenerlo en cuenta. Como dice Marcelo Bielsa, «a veces no gana el mejor». ¿Por qué? Porque se trata de un juego. Vos lo dijiste hace un ratito: un equipo puede dominar y, en un instante, con un zapatazo desde 40 metros, el rival inferior hace un gol y gana el partido. En un juego hay tres posibilidades: ganar, empatar o perder. Ahora, si yo juego bien y tengo buenos jugadores, tengo más posibilidades de ganar. No hablo de un partido, sino de un campeonato. El fútbol es muy lógico a la larga, no en un partido.

Marcos: Esto nos lleva a otro lugar. ¿Existen diferencias entre la manera de practicar el fútbol de los ingleses, italianos, brasileños o españoles? ¿O son variaciones del mismo tema? Escuchas que «los italianos marcan un gol y se van todos para atrás», «los ingleses entran fuerte al balón, pero sin maldad». Luego hablan del tiquitaca. ¡Y no digamos de los equipos resultadistas! ¿Qué me puedes decir de estas afirmaciones?

Ángel: Es cierto que muchas veces un equipo va 1-0 y no quiere jugar más. Que es lo que pasa en la actualidad. ¿Por qué? Es que antes se jugaban, vamos a suponer, 40 partidos al año, ahora 80. Entonces el jugador se desgasta mucho, y hablamos no sólo físicamente, sino psicológicamente por la presión que significa jugar y competir con la máxima exigencia. Llega un momento en que el jugador se va autorregulando, porque si no, no podría jugar tantos partidos al año. Antes el jugador estaba más entero física y mentalmente y quería seguir jugando los 90 minutos, porque le gustaba mucho y ahora le gusta también, pero si se desgasta demasiado en este partido no va a estar a punto para el siguiente. Eso ocurre producto del comercio que ha impuesto su lógica. ¿Por qué juegan tantísimos partidos? Porque de esa manera se recauda más dinero. Y si fuera por los empresarios, estarían jugando todos los días.

Marcos: ¿Cambiarías alguna regla del fútbol? Y no acepto como respuesta que los jugadores de campo lo hagan con la mano y el pie al mismo tiempo *(risas)*.

Ángel: ¿Reglas del juego o reglas del fútbol en general de los clubes?

Marcos: Reglas del juego en general.

Ángel: Quitaría el VAR, toda esa tecnología, inmediatamente además. Eso para empezar. Reduciría los cambios. Ahora hay cinco cambios debido a la pandemia y a que los jugadores están jugando casi todos los días. Déjame pensar qué otras, porque el reglamento es perfecto.

Marcos: Como aficionado te diría que pensásemos lo siguiente. Estamos en el minuto 25 de la segunda parte, ganando 1-0 y el partido se emponzoña. Faltas y más faltas, paramos el juego. Jugadores se tiran al césped y dramatizan. Demoran los cambios, no devuelven el balón; en fin, todas las triquiñuelas posibles. ¿Habría alguna opción para evitar ese teatrillo? ¿No debería el árbitro parar el reloj?

Ángel: No, porque, si no, sería como el baloncesto, empezamos el domingo y el partido termina el martes. Lo que sí hay es un reglamento que dice que, si un jugador se tira al suelo y simula, el árbitro le puede advertir —«La próxima vez te saco tarjeta»— y, si insiste, debe ser amonestado. Es como las faltas reiteradas, que nadie –mejor dicho, casi nadie– aplica el reglamento. Porque no sólo deben sancionar a un jugador individualmente, también al equipo cuando se alternan los jugadores para cometer esas faltas. Si un jugador hace varias y, cuando le sacan tarjeta amarilla, lo releva otro, y después otro, y otro más, y se reparten las faltas que interrumpen el juego y las tarjetas, lo que hay que hacer es aplicar el reglamento y expulsar al próximo que haga una falta de esas características, pero los árbitros se inhiben de aplicarlo muchísimas veces.

¿Sabés qué cosa cambiaría? Si un jugador se lesiona y entran a atenderlo, se tiene que ir. ¿Por qué se tiene que ir y después tiene que entrar? Qué estupidez es esa, se pierde mucho más tiempo de esa manera. Una de dos: o lo atienden dentro y después sigue jugando sin salir del campo, o lo sacan para atenderlo fuera.

El árbitro tiene el reglamento para aplicarlo y para evitar esas pérdidas. Si un equipo va ganando y especula con el tiempo, se tiene que aplicar el reglamento, el árbitro tiene todas las facultades para hacerlo. Si no lo aplica, es una cuestión de él. Pero el reglamento protege el juego limpio y a quienes juegan al fútbol sin artimañas. Por ejemplo, el reglamento dice que te pueden pitar una falta por dar o intentar dar una patada. El intento de dar una patada no se cobra, pero está en el reglamento.

Marcos: Ahora te pregunto sobre las celebraciones de los goles. Parecen *performances*. ¿No es un insulto al adversario? ¿Acaso no son una humillación? Ahora hasta se celebran los goles de penalti. Antes eso sería considerado una herejía.

Ángel: Lo que sucede, Marcos, es que hacer un gol produce una alegría incontenible, salvo que el resultado sea muy abultado para uno u otro equipo. Ahora bien, hay celebraciones que no tienen en cuenta al rival y muchas pierden el respeto. Aquellas donde el jugador hace tonterías, bailecitos, etc. Pero si se muestra entusiasmado y se abraza a sus compañeros, es normal y hasta te diría que forma parte de la escena del gol. Lo adorna, lo completa.

En cuanto a los goles de penalti, habría que hacer una distinción. Porque hay penaltis que definen partidos y campeonatos. En esos casos es imposible no gritarlo. Pero si vas ganando 4-0 y el quinto gol es de penalti, es una desconsideración al rival ponerte a gritarlo.

Decía Di Stéfano que en su tiempo no gritaban los goles de penalti. Apenas levantaban un brazo a modo de festejo. No es que se pusieran a llorar... pero tampoco demostraban demasiada algarabía.

Uno de los valores que eran propios del fútbol era el respeto al rival. Te cuento una anécdota de mi ciudad, Bahía Blanca. Había un jugador de la época de los años cuarenta, Armando Galucci, que tiraba los penales de rabona. Yo no lo vi, pero era una de las leyendas que hacen la cultura futbolística. Una vez le preguntaron, ya retirado, por qué tiraba los penales de rabona, y contestó: «Y que querés... un penal...». Yo fui testigo. Lo que quería decir es que, para el que patea, un penal es demasiada ventaja con respecto al arquero. Entonces él se imponía una dificultad extra para que el duelo fuera más igualado. Si juzgamos esa anécdota con la realidad actual, nos parece increíble, imposible de entender.

Y otra más, con un personaje esta vez mundialmente conocido, Obdulio Varela, capitán de la selección uruguaya que ganó la Copa del Mundo en Brasil frente al anfitrión en el partido final. Después de festejar con sus compañeros, se fue a un boliche de Río para compartir la tristeza de los brasileños. Dijo que pensó lo que estarían sufriendo y quiso acompañarlos tomando un vino con ellos. En esa época la imagen de los futbolistas no era tan difundida y pudo pasar desapercibido. Asombroso.

CAPÍTULO VIII
El neoliberalismo está en el palco

ÁNGEL: Bueno, Marcos, estábamos hablando de neoliberalismo y de alguna de las características principales. Por ejemplo, podemos hablar de que el neoliberalismo procura que exista el menor Estado posible, es decir, su eliminación prácticamente. Acá tengo un texto de uno de los próceres del liberalismo, Hayek, que habla y dice en su programa: «Desregular, privatizar, limitar la democracia, suprimir las subvenciones para la vivienda y el control de los alquileres, disminuir seguros de desempleo, reducir los gastos de la Seguridad Social y, por último, quebrar el poder sindical». Llegará hasta el punto de proponer en 1976 la desnacionalización de la moneda y la privatización de los bancos centrales para someter la creación monetaria a los mecanismos del mercado.

Espero tu comentario, Marcos, con respecto a este texto, que son los postulados del neoliberalismo.

MARCOS: Buena síntesis del proyecto neoliberal. Para responder a tu pregunta, podemos ir a sus orígenes. Friedrich von Hayek, junto con Ludwig von Mises, John Rawls, Milton Friedman, Karl Popper, Salvador de Madariaga, Michel Polanyi, entre otros, fundaron en 1947, en una pequeña estación de veraneo en Suiza, Mont Pelerin, una sociedad del mismo nombre. Su objetivo, luchar contra el keynesianismo y el socialismo al mismo tiempo. La asociación buscaba coordinar a quienes, desde la economía, la sociología, la historia, la ciencia política, la filosofía, sentían una repulsa por la democracia social y política tanto como por las visiones keynesianas del Estado. La aversión está en su rechazo frontal al *new deal* implantado por Roosevelt en los años treinta del siglo pasado. Sin embargo, terminada la Segunda Guerra Mundial, la fuerte influencia del keynesianismo no sólo ensombreció la propuesta neoliberal, sino que la arrinconó. Con la Guerra Fría como telón de fondo, el keynesianismo se convirtió en el eje de la recuperación de Europa y su reconstrucción. El mejor ejemplo, el Plan Marshall. La creación del Banco Mundial y el Fondo Monetario Internacional fueron sus pilares. Igualmente, el discurso se centró en unir seguridad, democracia y desarrollo, para luchar contra los países socialistas. En este contexto, el grupo encabezado por Hayek poco tenía que hacer. En 1944, un año antes del fin de la guerra, Hayek había publicado *Camino de servidumbre*. En 1949, su amigo y cofundador del grupo, Ludwig von Mises publicó *La acción humana* y, en 1956, *La mentalidad anticapitalista*. Así se completaba el ideario neoliberal. Su tesis: las políticas económicas de Estados Unidos, Gran Bretaña o Francia están cortadas por el mismo patrón intervencionista que las implantadas en los países comunistas. Para Hayek y Von Mises, principalmente, tan socialista eran los demócratas y republicanos estadounidenses como los liberales italianos, franceses e ingleses. Ellos no veían diferencias con los comunistas. Así comienza su ataque al Estado como agente económico activo en la inversión y creación de empleo. En otras palabras, dirán, los Gobiernos occidentales preferían ser esclavos del Estado, un poder arbitrario, antes que dejarse llevar por las leyes impersonales del mercado, auténticas articuladoras de la libertad. En esta lógica, el Estado representaba el conjunto de prohibiciones autoritarias que impedían el desarrollo de la economía y la libertad de mercado. Con estas críticas y una fe ciega en la mano invisible y en las leyes de la oferta y la demanda, el Estado fue demonizado como actor económico, creador de empleo, potenciador de la industria nacional y financiador de obras de infraestructura y políticas sociales en las áreas de educación, sanidad o vivienda. El neoliberalismo buscó refundar el Estado. La expresión fue «adelgazar el Estado», por obeso e ineficiente. A mediados de los setenta, Von Mises llegó más lejos e identificó a liberales, conservadores, socialcristianos como apóstatas de la economía de mercado; los tildó de enemigos de la libertad y la libre empresa. Su discurso encendió la llama para el nacimiento de la nueva derecha neoconservadora en lo político y neoliberal en lo económico. Sus iconos, Margaret Thatcher y Ronald Reagan. Eso sí, bajo el influjo de la dictadura de Augusto Pinochet en Chile. De esta forma, como si nada sucediese, las reformas neoliberales se popularizaron. Felipe González en España, el mismísimo François Mitterrand en Francia o Miguel de la Madrid en México. Todos a una. El Estado del bienestar capitalista, aquel del cual se vanaglorió la socialdemocracia europea, nacido tras la Segunda Guerra Mundial, con los derechos económicos, sociales y culturales o la carta social firmada en 1965, se fueron desmantelando por los mismos que los habían impulsado. Es el punto de partida de la llamada reforma del Estado donde se procedió a desregular, privatizar, descentralizar, flexibilizar el mercado laboral y desarticular el sector estatal. El Estado se redujo a tener el monopolio legítimo de la violencia y salvar el neoliberalismo cuando sus políticas especulativas fracasaran. La crisis de Goldman Sachs o la banca en España, por ejemplo, y también en Chile, Argentina, México o Italia. Por no decir Grecia. El Estado neoliberal entrega el dinero de todos a la empresa privada.

ÁNGEL: Marcos, ¿qué querés decir? ¿Qué ellos dicen no al Estado, pero sí para ellos? ¿Cómo podemos entender eso de que si fracasan recurren al Estado?

MARCOS: En su discurso, el Estado no debe intervenir. Su función ha de limitarse a ser árbitro, en el mejor de los casos, pero un árbitro vendido a uno de los equipos que juega. Siempre debe mostrar tarjeta roja cuando se trata de subir los salarios, aumentar los impuestos sobre el capital, grabar la bolsa de valores o regular el mercado. Es lo que se ha vulgarizado como anarcocapitalismo. El Estado cuando interviene impide que las leyes de la oferta y la demanda actúen y niega la libertad de los consumidores que desean satisfacer sus apetencias en el mercado, sin trabas. Liberar las fuerzas de la mano invisible sería la forma de impulsar un orden político donde las desigualdades sólo obedezcan a las nacidas del mercado. Todos, en el mercado y bajo su manto, tienen las mismas oportunidades y opciones de ser millonarios. La función del Estado es garantizar que así sea. Esa es la teoría de la justicia neoliberal, su mayor exponente, John Rawls, uno de los acólitos de Hayek y miembro de la Sociedad Mont Pelerin. Es cosa de ser emprendedor y empoderarse. Así, la máxima libertad política coincide con la máxima libertad económica nacida de la economía de mercado.

ÁNGEL: Alguien que vos conocés muy bien por su intervención en Chile con los Chicago Boys, Milton Friedman, dice: «El Estado tiene como única función proteger nuestra libertad de sus enemigos externos y de nuestros propios conciudadanos. Hace que reine la ley y el orden, hace que se respeten los contratos privados y favorece la competencia, pero lo más importante es que no se ocupe de la economía y debe promover el *laissez faire* y el libre cambio».

Eso lo dice el amigo Milton Friedman. Clarito, ¿no?

MARCOS: Para ellos, la competencia y el mercado generan un orden espontáneo, que hace posible que los individuos puedan ser libres. Te pongo un ejemplo. Los peces viven en el agua, si nosotros contaminamos su hábitat, los peces acabarán muriendo. Trasladémos el ejemplo a la economía de mercado. Si nosotros contaminamos las leyes de la oferta y la demanda, estamos impidiendo que los seres humanos puedan desarrollar todas sus potencialidades; la primera, la competitividad. Todo lo que sea poner barreras contamina el mercado. Desregular significa descontaminar. La banca no puede estar sometida a un organismo fiscalizador, los empresarios no pueden estar atados a leyes laborales inflexibles como contratos indefinidos. Todo aquello que impida al ser humano expandir su competitividad y deseos de prosperar en el mercado sería ir contra natura. Se impone desregular a fondo. Desmontar el edificio keynesiano. Dejar que el mercado funcione generará riqueza, igualdad y supuestamente democracia política. Y el argumento más torticero: hemos creado un monstruo, un Estado obeso cuando necesitamos un Estado atlético. El solo hecho de pensar en obesidad genera rechazo. Un Estado que interviene mucho es un Estado enfermo, hay que adelgazarlo. Teníamos un Estado muy gordo y con problemas graves, la llamada crisis fiscal, hay que ponerlo a dieta.

ÁNGEL: A propósito de eso, estaba leyendo estos días que en España, durante esta pandemia y, antes también, en las crisis precedentes, los que han ganado millones son los bancos. Los bancos que no devuelven el dinero que les dio el Estado, es decir, todos los españoles, para sostenerlos y que no se viniera abajo la economía. Y no piensan devolverlo nunca más. Ahora con la pandemia, ¿de qué manera ganaron? Fusionándose, es decir, reduciendo cada vez en menos manos la economía y aplicando un aumento de impuestos por tenencia de cuentas. Si antes se pagaban 60 euros anuales, ahora se van a pagar 240 y que nadie intervenga en eso, que nadie les diga nada. Y en las fusiones, una de las causas principales por las cuales se han enriquecido mucho más es que en España han echado al 40 por 100 de los empleados a la calle, que quedaron sin trabajo.

MARCOS: A costa de la Seguridad Social, porque quien pagó los costes de las jubilaciones anticipadas no fueron las empresas, sino que negociaron con el aval del Estado, quien se hizo cargo de las prestaciones.

ÁNGEL: Exactamente. Esa desregulación que hicieron necesita de la intromisión del Estado para que los bancos puedan mantener la ganancia y la explotación. Porque en un momento como este, tan grave por el tema de la pandemia, no tuvieron ningún problema en echar al 40 por 100 de sus empleados.

MARCOS: Pedirle al capitalismo que hable en función del interés general y del bien común es un contrasentido.

ÁNGEL: Naturalmente. El capitalismo, decía Frei Betto, es un sistema criminal, y lo es. El mismo papa Francisco, como ya hemos comentado y vale la pena insistir, dice que el capitalismo es un sistema que mata. Efectivamente, el capitalismo, con las desigualdades que genera, mata. En Argentina, por poner un ejemplo, hay un 45 por 100 de pobreza, es decir, casi la mitad de la población está empobrecida. Las desigualdades intrínsecas del capitalismo significan miseria, falta de esperanza y directamente la muerte para muchísima gente.

Marcos: No podemos pedirle peras al olmo. Un empresario capitalista no se preocupa por el bienestar de sus trabajadores, por mucho que lo diga o se rasgue las vestiduras. Es una mentira y nada la convertirá en verdad. El objetivo del empresario es ganar dinero. El capitalismo es un régimen de explotación. Para eso tenemos los despidos, los ERE, el acoso laboral, el fraude a la Seguridad Social, los accidentes de trabajo por negligencias en la seguridad y la descapitalización. Negocian hasta con la muerte.

Ángel: Déjame agregar algo más con respecto a la muerte.

Macri, el expresidente argentino, tuvo una conversación con Alberto Fernández, actual presidente, cuando este decretó el confinamiento por la pandemia. Macri, según reveló el propio Alberto Fernández, le dijo que la economía no puede parar, y que se mueran los que se tengan que morir.

Hace unos meses, un empresario italiano pidió a las autoridades de ese país que no se hiciera el confinamiento por Navidad (en 2020) y que, si se moría alguien, habría que tener paciencia. Es un sistema criminal, directamente, ¿no te parece, Marcos?

Marcos: Por supuesto. Hoy más que nunca. La pandemia lo ha puesto de relieve. Mira las decisiones que ha tomado la Comunidad de Madrid, en manos de la derecha; van todas en esa dirección. No importa cuando mueren a causa de la covid-19, sólo importa salvar a los pobrecitos empresarios que sufren mucho. Los trabajadores son simples adminículos del capital. Ganar dinero, ganar y ganar, ese es el mensaje. Un falso dilema entre salud y economía. La pandemia afecta a todos por igual. Es un hecho social total. Los empresarios, sean del ámbito que sean, son antes, creo yo, seres humanos, salvo que su humanidad no esté contenida en su argumento. Y creo que ese es el problema. En otros términos, la ley no es igual para todos. Isabel Díaz Ayuso lo dijo cuando defendió al rey emérito Juan Carlos I, acusado de corrupción, fraude, evasión de capitales, entre otros delitos. El rey es diferente, y se quedó tan ancha. Si analizamos su frase en el contexto del capitalismo y la monarquía, tiene razón. Una ley para ricos, nobles, y otra para pobres. Mientras que la democracia siempre ha sido reivindicada por las clases populares, la derecha la ataca, destruye y se ufana de ella. La democracia es algo que pertenece a la lucha de los trabajadores, a la defensa del interés general, el bien común, la igualdad, la justicia social. En el capitalismo y en la pandemia hay un cálculo racional de la muerte. La democracia no forma parte de sus reivindicaciones. La muerte sí.

ÁNGEL: Tengo aquí datos de Unicef que dicen que en América Latina 600 millones de niños están en la pobreza, 131 millones no tienen educación, 352 millones están obligados a trabajar. También se dice que en 2021 se sumarán de 300 a 500 millones de pobres. Ese es el capitalismo al descubierto, en toda su crudeza, en toda su realidad.

MARCOS: Estás viendo las cosas al revés, diría un capitalista. ¿Por qué no ves lo bueno? ¿Acaso no se han hecho puentes, casas bonitas y se puede viajar?

ÁNGEL: Pero los millones de pobres no tienen nada de eso. No tienen casas, ni bonitas ni feas, y no pueden viajar ni en autobús.

MARCOS: Claro, los pobres no consumen. El capitalismo produce para quienes consumen y tienen poder adquisitivo. Y lo peor es que se hace compulsivamente. Lo vemos en el consumo suntuario. No tenemos un reloj analógico, bueno, los que aún usamos reloj *(risas)*. Muchos tienen uno para cada ocasión, combinan colores con trajes, color de pelo, etc. Ya no se trata de ver la hora, es un objeto de la moda. Y se cambia cuando deja de ser actual. Hoy sucede con los relojes digitales, pero también con los teléfonos móviles; una persona puede llegar a cambiar el suyo cada año y los ordenadores portátiles, tres cuartas partes de lo mismo. Podemos hablar de las colecciones de relojes, de muñecas, cualquier objeto que imagines. Pero hay muchos que no tendrán nunca un ordenador portátil. Lo mismo si se trata de zapatos, camisas, pantalones o de medicinas. No hablemos ya de la obsolescencia programada. Neveras, impresoras, radios, planchas, televisores, en fin, multitud de objetos que acaban en chatarra, gracias a la inteligencia artificial y el *big data* que les determina su vida útil. El capitalista sabe que habrá quien tenga diez camisas, 20 pares de zapatos, irá al cine y a restaurantes continuamente y otros que no lo harán nunca. Por eso el capitalismo es un sistema de exclusión social, que crea pobres y marginados por un lado y ricos por otro.

ÁNGEL: Si hablamos de las vacunas contra el virus, nos encontramos con otra realidad brutal de este sistema. Los países ricos compran vacunas como para ocho veces su población, como Canadá, y los países pobres van a tener que vacunar a una de cada diez personas, porque no hay vacunas para todos. Entonces comprobamos que unos países, los ricos, compran todas las vacunas que pueden y las acaparan. Convierten esta pandemia, esta necesidad mundial de vacunar a todo el mundo, en un negocio, en otro negocio, mejor dicho. Con un mínimo de humanidad habría que convenir que las vacunas tendrían que ser gratuitas. Y no son gratis. Aumentan su precio de acuerdo a la demanda.

MARCOS: Irónicamente, tendremos que darle las gracias a los laboratorios que han investigado y se han preocupado por encontrar la solución...

ÁNGEL: Sí, laboratorios privados que han investigado con gran aporte de dinero público.

MARCOS: Evidente. Esa es la lógica del capitalismo. Todo lo que genera, es decir, la muerte, el hambre, la desigualdad, la miseria, todas pandemias sociales, pero también las políticas, los golpes de Estado, las guerras, es un buen negocio. Hoy lo son las vacunas. Mira el negocio que se ha montado. El mercado es un hervidero. Si uno analiza con calma, el capitalismo no busca el bien común, pero se escuda en producir derechos que no cumple. En 500 años de vida, no ha cumplido ninguna de sus promesas. Vivienda, educación, salud, trabajo. Tengo derechos, sí, pero las posibilidades de ejercerlos si soy pobre, pocas o ninguna.

Ángel: Hoy un juramento, mañana una traición, como cantaba Gardel en un tango *(risas)*.

Marcos: Así es *(risas)*. Sólo derechos. Pero mira, te pondré un caso, que ya hemos mencionado, donde la redacción es diferente: Cuba. En su constitución no dice los ciudadanos tienen derecho al trabajo, a la vivienda, dice que el Estado tiene la obligación de ofrecer y dar al ciudadano cubano educación, salud, vivienda, trabajo. Fíjate la diferencia entre un derecho o una obligación.

Ángel: Ya que hablas de Cuba y de la constitución, vos sabés que la última la discutió todo el país. ¿Qué otro país la somete a la discusión de todos sus ciudadanos? En fábricas, en barrios, y, además, la gente agregó o quitó cosas. Por ejemplo, la propuesta del Gobierno permitía el matrimonio entre homosexuales, y la gente lo quitó. El Gobierno estaba más adelantado. El pueblo no quiso eso en Cuba ahora, y si no es legal y constitucional el matrimonio homosexual es porque la gente en esa discusión no lo aprobó. ¿Qué otro país de la «democracia» entre comillas somete eso a la discusión del pueblo?

Marcos: Lo que dices se relaciona con la libertad de realización, implica un hecho democrático, porque hay participación en la decisión. Pero, claro, las «democracias occidentales» representativas lo consideran una aberración en tanto no responde a su lógica de ser la democracia un mero procedimiento, sino a un proceso de construcción de ciudadanía, como ocurre en Cuba.

Ángel: Perdón, y ¿cómo interpretas las protestas que se han producido en Cuba, a mediados de julio, que han ocupado la atención mundial y, de paso, han servido para avivar la campaña contra el Gobierno y la Revolución?

Marcos: Buena pregunta. Los hechos son los que son. Pero la interpretación de los mismos es lo que trae la manipulación, descontextualización y la mentira. Cuba sufre un bloqueo de 70 años por parte de Estados Unidos, en el que están implicandos el Senado, el Congreso, las multinacionales y los *lobbies*. Leyes de penalización si se comercia y si tienes relaciones económicas con la isla. Este bloqueo no tiene parangón en la historia mundial. Su mantenimiento afecta a la vida cotidiana, en todos sus frentes. Divisas, exportaciones, importaciones, patentes, turismo, etc. Desde lo más nimio, papel, vidrio, productos farmacéuticos. Mira con la pandemia, los científicos cubanos han desarrollado una vacuna de alta calidad, sin recurrir a la alternación del ADN y el ARN, es decir, no son transgénicas, pero no tienen jeringuillas por el bloqueo. En la última Asamblea de Naciones Unidas, se manifestaron en contra del bloqueo 184 países, sólo Estados Unidos e Israel votaron en contra y hubo tres abstenciones, Colombia, Brasil y Ucrania. Pero el bloqueo se mantiene. ¿No te resulta raro? Nada menos que Israel, país que está exterminando al pueblo palestino en Gaza y Cisjordania. De Colombia y Brasil, su abstención demuestra el sometimiento a las políticas de Estados Unidos, igual que Ucrania, pero con el agravante de ser los dos Gobiernos más corruptos de América Latina y donde los asesinatos de dirigentes de derechos humanos, sindicales e indígenas encabezan la lista.

Ángel: Bueno, pero no me has contestado.

Marcos: A eso voy. Es necesario contextualizar las protestas. Sin esta introducción es imposible dar respuesta a tu pregunta. El presidente Díaz-Canel salió a la calle, fue a las protestas, habló con los manifestantes y compartió sus inquietudes. Afirmó, y eso honra, que las dificultades existen, no se niegan, pero la solución conlleva entender la raíz del problema. Pero ¿qué hizo la prensa internacional? Manipuló, mintió y presentó el problema como una movilización contra el Gobierno, la Revolución y sus dirigentes. Las redes se llenaron de mentiras. Te pongo algunos ejemplos: se dijo que el deportista Karel Aguilar había sido detenido por participar en las protestas. Falso, él mismo desmintió la noticia. Se enviaron fotos de fosas comunes inexistentes donde supuestamente se enterraba a los fallecidos por covid-19, se pusieron fotos de la policía brasileña reprimiendo en 2015 como si fuera la cubana y de paso también se utilizó la represión en Ciudad del Cabo, Sudáfrica, para señalar que se estaba reprimiendo en La Habana a los manifestantes. La foto era de 2020. Y así suma y sigue. Muertes en hospitales, detenciones, torturas, nada de eso era real, pero eso fue lo que salió al mundo. Y como colofón, un dato, las redes señalaron que Cuba estaría en la lista de mayores defunciones por covid-19. Pero la realidad es otra, ocupa el lugar 119 de 222 países. Y la bola de nieve creció y creció, hasta que curiosamente se ha desinflado. La maniobra de presentar el descontento como un enfrentamiento entre la ciudadanía y el Gobierno se ha ido al traste. Esa es la verdad. Mira, se puede uno preguntar, en medio de esta desinformación, quiénes son los demócratas que no tienen empacho en declarar que viven en democracia y sus Gobiernos venden armas, desestabilizan países, justifican invasiones, patrocinan magnicidios, golpes de Estado y mantienen en un bloqueo inhumano a Cuba. ¿Serán acaso los demócratas que bajan la cabeza cuando se trata de pagar impuestos? ¿Serán los Gobiernos democráticos cuyos gobernantes dejan morir a miles de personas que cruzan el Mediterráneo en pateras? ¿Serán acaso los demócratas que denuncian fraude cuando pierden elecciones y patrocinan el terrorismo judicial? ¿Serán los Gobiernos democráticos que contaminan ríos, mares y se ufanan de hacerlo en nombre de la libertad? Me pregunto si serán aquellos Gobiernos que asesinan a dirigentes sindicales y defensores de los derechos humanos. O, por el contrario, ¿serán los demócratas que persiguen al inmigrante bajo la Estatua de la Libertad? En definitiva, contra Cuba se unen los Gobiernos que patrocinan guerras, negocian con la muerte, trafican con la paz y cuyas fortunas son fruto de la estafa y el narcotráfico. ¡Ah!, y tengo más dudas. Ahora que hablamos de las falsas noticias y la libertad de prensa, serán los dueños de los medios de comunicación quienes mienten, censuran y manipulan la realidad cubana. En definitiva, pienso en los Gobiernos, literatos, académicos, cantantes y tertulianos, que se rasgan las vestiduras al hablar de Cuba, pero restan importancia al bloqueo hasta dejarlo en una caricatura. Hoy, contra Cuba no están los defensores de la democracia, ni siquiera la adjetivada como representativa, sino sus verdugos.

ÁNGEL: Esa democracia representativa creo que es necesaria, pero absolutamente insuficiente. Yo me lo represento mentalmente como un gran escenario. Arriba de ese escenario, están los políticos que discuten cosas, hablan por televisión, y debajo, como espectadores, estamos todos nosotros y nuestra función es aplaudir. Aplaudimos y resulta que esos señores que están en el escenario deciden sobre nuestras vidas sin preguntarnos nunca y a eso lo llaman democracia. El otro día leí, y me parece una metáfora bastante acertada aunque podríamos discutirlo, que la democracia dura 20 segundos, que es el tiempo que tardás en poner el voto en la urna, después se terminó; andáte a casa y ya te llamaremos. Así se entiende la democracia.

MARCOS: Claro, no es lo mismo representación democrática que democracia representativa. Llevemos esto a la discusión actual acerca del rey emérito Juan Carlos I. Todos los partidos monárquicos han dicho que no se juzgaba la monarquía como institución, sino la acción particular de un individuo, en este caso Juan Carlos I, que cometió excesos. Se juzgaba a la persona. Pero uno se pregunta, ¿los hechos que se le imputan los podría haber llevado a cabo si no fuese rey? Ahí tenemos una justificación de la monarquía como régimen político. La monarquía es muy buena pese a que un rey pueda ser malo. La finalidad es que nadie discuta acerca de la monarquía. En Gran Bretaña, con la guerra civil inglesa, Cromwell, la Revolución Gloriosa y la destitución de Jacobo II, la monarquía absoluta se tiene que rehacer y refundar, volverse una monarquía constitucional. Reformar pero no revolucionar. Es el pensamiento reaccionario de Edmund Burke, que lo desarrolló para criticar la Revolución francesa. Incluso hoy, la derecha reaccionaria, la nueva derecha, rechaza los principios de igualdad, fraternidad y libertad nacidos de la Revolución como una lucha por la emancipación. Recuerda que una de las pocas revoluciones burguesas que triunfa, a decir de Eric Hobsbawm, fue la francesa. Todas las monarquías y casas reales tomaron buena nota de lo que les podía pasar. Gran Bretaña, Bélgica, Suecia y Países Bajos modernizaron sus monarquías y salvaron el cuello. El capitalismo es gelatinoso, elástico, puede trasformar estructuras y revertir las críticas. Tiene esa capacidad. Pasa con la contaminación y el cambio climático, ahora habla de responsabilidad ecológica y capitalismo verde.

ÁNGEL: Cierto, como si el sistema no tuviera nada que ver con la contaminación y los cambios del clima.

MARCOS: Hacen críticas a los alimentos industriales, lanzan productos ecológicos, pero son las mismas compañías. Mira, acabo de leer un artículo en *Le Monde diplomatique* donde hablan las mujeres empresarias que señalan no querer saber nada de las mujeres trabajadoras ni de sus reivindicaciones. Las trabajadoras tendrán sus problemas, nosotras somos empresarias que desarrollamos el capitalismo y estamos con Margaret Thatcher y Trump, y hacemos campaña por Emmanuel Macron. Mujeres por el capitalismo, esa es la lógica, pero se pueden manifestar contra el patriarcado, no las afecta, ni es un inconveniente. Son muy claras en sus argumentos.

ÁNGEL: Sí, Marcos. Pero fíjate que hablando de la democracia representativa y de esos discursos de la transparencia, el PSOE, junto con el PP y Vox, volvieron a impedir que se investigue a Juan Carlos I. De modo que ni la institución ni lo personal se investigan. También el Congreso –PSOE con PP y Vox– prohibió que se investigase a Felipe González como acusado de ser creador de los GAL, que fueron organismos parapoliciales que practicaron terrorismo de Estado o la «guerra sucia». A ver, si tanto me hablan a mí como ciudadano que está ahí abajo, fuera del escenario, y me dicen que tengo que aplaudir de vez en cuando, si me están hablando de democracia y transparencia, ¿cómo es posible que la democracia aguante y ponga debajo de la alfombra un hecho tan tremendo como ocultar el terrorismo de Estado, el GAL?

Marcos: Porque no hay democracia.

Ángel: Exactamente. ¿Cómo es posible que me impidan investigar al rey huido, cuando según todos los indicios ha cometido delitos? ¿Cómo es que no se puede? Ah, no puedo porque es inmune, no se le puede tocar y esto lo hizo cuando era rey. La misma Ayuso, que mucha gente la escucha para reírse, porque realmente es casi inconcebible cómo una mujer tan débil intelectualmente puede ocupar el puesto que ocupa –aunque yo creo que no es tan débil y sabe lo que dice, a quién va dirigido y cómo lo dice–, ¿cómo puede decir, en la Asamblea de Madrid, que el rey no es como ustedes –señalando a la oposición–, que el rey es un tipo superior? Si el rey es un tipo superior, ¿puede robar?, ¿puede hacer lo que le dé la gana?

Marcos: Lo que hemos dicho. Monarquía, democracia y ley igual para todos no van juntos. Te recuerdo que el rey Balduino de Bélgica se acogió a la incapacidad temporal para no firmar la Ley del Aborto aprobada por el parlamento en 1990. Así, durante un día y medio abdicó de sus funciones. Lo malo es que no se proclamó la república, sino que simplemente se le consideró incapacitado. Esa es la gran canallada de la historia. No firmo porque soy católico y estoy en contra del derecho al aborto.

Ángel: Pero además nos mienten como a niños, como ya hemos comentado. En España nos dicen que el pueblo votó la monarquía y no es verdad.

Marcos: Una mentira construida además sobre el miedo de una posible nueva guerra civil. Lo cual era un insulto a la inteligencia,

Hoy sabemos que hasta la CIA, los servicios de inteligencia británicos y la OTAN eran claros defensores de la reforma política y Felipe González había negociado con Estados Unidos la monarquía como forma de Estado.

Ángel: Pero no lo votó la gente.

Marcos: Claro que no. Ellos te pueden decir que la monarquía se votó con la constitución, lo cual es cierto, aunque sea una verdad a medias, porque cuando se votó esta se votó todo el articulado.

Ángel: Sí, claro, pero no había otra opción, no había alternativa.

Marcos: Ángel, entendamos sus razones. Razonan. Ellos nos dicen: la monarquía viene en el paquete. El problema aquí es que viene de la mano del franquismo cuando las Cortes, en 1969, nombran al príncipe Juan Carlos sucesor legítimo de Franco y este, tras la muerte del dictador, jura los principios fundamentales del Movimiento.

Ángel: Y además, este rey emérito, Juan Carlos I, no juró la constitución.

Marcos: No lo hizo, había juramentado las Leyes Fundamentales del Movimiento Nacional nacidas de la dictadura franquista y vigentes durante 40 años.

Ángel: ¡Claro!, nunca juró la constitución. Además, elogió a Franco con entusiasmo. Dijo que era un ejemplo para los españoles. Nunca condenó el franquismo. Eso no lo ha hecho ni el emérito ni el que está ahora. Nunca.

Marcos: Vivimos en un orden social en el cual tú puedes cuestionar todo menos el capitalismo.

Ángel: Eso es. Como si fuera un hecho natural, no una construcción social.

Marcos: Volviendo al tema de la monarquía, no olvidemos, además, la ruptura entre el padre y el hijo.

Ángel: Y el espíritu santo (*risas*).

Marcos: Sí, pero el espíritu santo, encarnado en don Juan (*risas*). Recuerda que, por línea directa, el sucesor directo era el hijo de Alfonso XIII, en este caso don Juan.

ÁNGEL: Y el padre le mandó una carta al hijo para decirle que el reinado le correspondía a él, y el hijo le respondió que ya había aceptado. Mala suerte.

MARCOS: Incluso desde esa perspectiva, podía haber sido Juan Carlos como podía haber sido el otro hermano que ya sabes que murió en extrañas circunstancias. Que ahora, sabiendo todo lo que sabemos, podemos sospechar que fue asesinado por el rey emérito. El libro de Rebeca Quintans *Juan Carlos I. La biografía sin silencios* es una verdadera joya histórica. Ahí se relata toda una vida de mentiras y canalladas.

ÁNGEL: Por lo menos sospecharlo.

MARCOS: Bueno, todos los estudios van en esa dirección. La madre le dejó de hablar, hubo una ruptura, lo mandaron a Bélgica. Por eso, conociendo Franco la ruptura con la familia, lo adoptó, lo trajo a España y se fue directo a la escuela militar en Zaragoza. Tipo intelectualmente limitado. Sus padres siempre tuvieron predilección por su hijo menor, brillante. Don Juan tenía claro que si él no podía ser rey, la corona recaería en el hijo menor Alfonso. Y eso lo sabía Juan Carlos, cuyo peregrinaje por los colegios se debió a su falta de atención y poco interés. Acabó recibiendo clases particulares para tapar sus vergüenzas. Torcuato Luca de Tena fue su gran valedor en términos políticos. Antonio García Trevijano lo formó en su parte vividora. Cuenta en sus memorias que llevaba a Juan Carlos de putas en Zaragoza junto con el entonces teniente Alfonso Armada, su íntimo amigo. El mismo que anticipó el golpe del 23-F a Juan Carlos y que tenía su aprobación.

ÁNGEL: Por eso Armada iba a ser presidente.

MARCOS: Efectivamente. Juan Carlos está ahí porque Franco entendió que esa era la mejor manera de romper con el padre. Don Juan quería ser rey, pero elegido en un referéndum donde se dirimiera la forma de Estado. Una transición que hubiese sido rupturista con el régimen franquista. Franco lo tenía claro y por eso decidió en las Cortes Generales de 1969 nombrar sucesor a Juan Carlos y doña Sofía. Por eso, la Transición de España se produce en ese año.

Ángel: Marcos, también tuvo que ver Estados Unidos, ¿no?
Marcos: Por supuesto. Juan Carlos I se educó también en Estados Unidos. Estados Unidos controló toda la Transición y dio su visto bueno. Junto con Gran Bretaña y Alemania fueron quienes direccionaron la Transición política en España. Ahora salen documentos desclasificados en Estados Unidos y se puede consultar la correspondencia entre el embajador y Kissinger, entre el embajador y Ford, entre el embajador y Nixon, es decir, se lee todo lo que en ese momento se estaba negociando en relación con el futuro de España. Financiaron al PSOE de Felipe González desde finales de los sesenta.
Ángel: Un personaje, no decimos impuesto, pero sí aprobado por Estados Unidos, ¿no? Que formaba parte del complot para que Armada fuera presidente del Gobierno cívico-militar.
Marcos: Había gente del PCE como Jordi Solé Tura, ponente constitucional; más tarde abandonó el PCE y terminó siendo ministro de Cultura del PSOE. Él estaba en la lista de ministrables de un Gobierno de concentración nacional o salvación nacional, como queramos llamarlo. Ese era el montaje. Felipe González estaba en la trama. Javier Solana o Enrique Múgica, también. ¿De qué manera si no podríamos explicar que Javier Solana acabase siendo –entre otras cosas– secretario general de la OTAN?
Ángel: Ya veo. También tuvo que hacer un esfuerzo, porque él encabezó la manifestación contra la OTAN llevando una pancarta, hay alguna foto que lo revela. Es un hombre que ha tenido que hacer sus renuncias *(risas)*.
Marcos: El PSOE construyó un discurso que empatizaba con la necesidad del cambio. No tenía el hándicap del PCE, criminalizado y considerado el gran causante de la Guerra Civil. El PSOE parece que estaba libre de polvo y paja. Pero en los años sesenta no contaba con una militancia real. No llegaba al millar de militantes en todo el Estado. Tenía nombres, figuras, pero pocos militantes reales. Ni siquiera la UGT. Pablo Castellanos, Enrique Múgica, Luis Gómez Llorente, Ni-

colás Redondo o los Solana, entre otros. El PSOE necesitaba tener un discurso de no a la OTAN, cara a la galería. Pero la decisión estaba tomada. Sí o sí, el PSOE incorporaría España a la alianza. Siempre hay varios discursos, según a quién se dirija. Si Ayuso dice que el rey es más que otros, sabe a quién lo dirige.

Ángel: Y contradice la teoría democrática que afirma que todos somos iguales. Al decir eso, dice la verdad, porque es un hecho que no somos todos iguales ante la ley.

Marcos: Lo que pasa que eso nos molesta y caemos en la trampa. De repente te dicen, ustedes necesitan un baño de realidad, no todos somos iguales.

Ángel: Además, por eso digo que la gente se ríe y piensa que es frágil mentalmente y es un discurso idiota, pero nada de eso. Lo que te dice es que el rey es un ser superior y tenés que aceptarlo, porque la realidad es así nos guste o no.

Marcos: Lo mismo con Donald Trump o Jair Bolsonaro. El problema es que siempre metemos la crítica en el argumento. No analizamos la profundidad de estas corrientes reaccionarias. No entendemos cómo ni por qué 70 millones de personas votan a Donald Trump. ¿Acaso hay 70 millones de fascistas? ¡No! Hay 70 millones de personas que creen que los emigrantes les están quitando el trabajo, que los afroamericanos pertenecen a una raza inferior, que el Ku Klux Klan los protege, que las mujeres deben quedarse en casa, sin contar con los misóginos, homófobos y quienes se jactan de las armas que tienen. Mira, el resultado lo tenemos en el asalto al Capitolio.

Ángel: En definitiva, lo que hacen es defender el dinero de los ricos. Porque la derecha tiene un sector más agresivo y otro moderado. Pero tanto uno –Vox, Bolsonaro, Trump...– como el otro finalmente defienden los privilegios y el dinero de los ricos.

Lo que está diciendo Ayuso no es solamente que el rey es superior, sino que la gente rica, la gente del poder es distinta de nosotros, que somos inferiores.

Marcos: Claro, Ángel. Esa es la realidad del sistema.

ÁNGEL: Como decía Perón, que lo había leído en Aristóteles, «la única verdad es la realidad», que hay que modificar, le agregábamos nosotros en los setenta.

MARCOS: Vivimos en una lógica que opera también en términos de reconocimiento. Los egos son parte importante de nuestra vida y muchos sólo pueden vivir si se los considera famosos, tertulianos, etc. Hoy se trata de ser famoso y ganar dinero. La dignidad no cotiza en el mercado.

CAPÍTULO IX
El balón tiene la palabra

MARCOS: Juguemos un rato al fútbol. Nos decías que jugarlo bien implicaba recuperar, defender, elaborar y definir. Todo eso bien hecho, ¿cierto?
ÁNGEL: Claro, veamos, ¿qué hacemos cuando tenemos la pelota?
MARCOS: ¡Atacar!
ÁNGEL: Y para atacar ¿qué tenemos que hacer? Fabricar la jugada, crear, elaborar la jugada de gol. Una vez que creamos la situación, tenemos que definir. Cuando perdemos la pelota, tenemos que recuperarla. ¿Dónde la recuperamos? Bueno, según las circunstancias, arriba, en el medio o más atrás. Ahora, la zona de definición desde donde nos pueden hacer un gol, ahí no hay que preocuparse por recuperar la pelota, la primera preocupación es que no nos hagan gol, ahí tenemos que defender. Ahí están las cuatro acciones del juego, concepto que debemos a Menotti.
MARCOS: Entendido, pero ampliemos el campo. ¿Podrías especificar cada una de esas acciones? ¿Cómo se juega bien cuando se crea, se define, se recupera y se defiende? Porque se puede defender haciendo falta.
ÁNGEL: No, porque en realidad haciendo falta lo que hago es interrumpir el juego, ya que la pelota sigue siendo del rival.
MARCOS: Creo que lo único que se logra de esa manera es parar el juego para que el otro equipo no juegue.
ÁNGEL: Eso, Marcos, sólo es posible con la complicidad del árbitro. Porque hay un apartado en el reglamento que sanciona las faltas reiteradas con tarjeta amarilla a quien las comete o también al equipo.

¿Cómo se recupera la pelota? Presionando. ¿Qué quiere decir? Quitarle tiempo al rival y reducirle el espacio. La presión depende de la organización primero y luego del esfuerzo. Porque sin organización, con esfuerzo sólo, la presión termina siendo un grupo de jugadores corriendo tras la pelota. ¿Cómo se presiona? Se tiene que ir al rival que tiene la pelota y a los rivales más cercanos que son posibles receptores. Hay que ir organizadamente, como digo. Porque si voy a quien tiene la pelota, pero dejamos desmarcado a un posible receptor, termino corriendo detrás de esta. Decimos que depende de la organización, pero también por supuesto del esfuerzo, porque si voy a presionar trotando, como sin ganas, tampoco llego y no sirve para nada. La pelota se puede recuperar, que es el primer objetivo, pero también se puede provocar el error. En vez de recuperarla en esa acción, la recuperas una o dos acciones más tarde. Si voy rápido a presionar y obligo al rival a desprenderse rápido de la pelota, hay más posibilidades de que cometa un error que si lo dejamos pensar mucho, porque de esta manera la va a tirar a cualquier lado, la va a dividir, y entonces ahí puedo recuperarla.

MARCOS: ¿Dónde se recupera?, ¿en qué lugar de la cancha?

ÁNGEL: Eso depende de los jugadores que se tenga. Si se tiene a jugadores ágiles, rápidos, entonces la recupero adelante, casi en la salida del rival. Si yo tengo a jugadores que no tienen esa característica, jugadores más pesados, más lentos, entonces no es necesario u obligatorio recuperarla en la salida; retrocedo, paso la línea de la pelota, me agrupo y comienzo a presionar en la mitad de la cancha, más o menos.

MARCOS: ¿Qué otro requisito es necesario para recuperar la pelota?

ÁNGEL: Que el equipo esté junto, es decir, si voy a recuperar la pelota tengo que tener el respaldo de la defensa. Porque si la defensa está lejos de donde recupero, estoy dejando al rival un espacio muy grande para aprovechar. En cambio, si estamos juntos, el rival no tiene espacio donde moverse. Y también tengo que jugar con otro requisito más, el fuera de juego. Si alguien pica y yo lo persigo estoy dándole ventaja al rival. Si algún rival pica, yo tengo que utilizar la jugada de fuera de juego para estar junto con los delanteros que están presionando, para no dejar ese espacio entre líneas. Y también dependerá de cómo vaya el resultado. Si voy ganando 3-0, no tengo por qué ir a recuperar la pelota tan adelante, la puedo recuperar más atrás y requiere menos esfuerzo. Eso sí, el equipo siempre tiene que estar junto, porque así tapo espacios, separado, el equipo los genera. Y la puedo recuperar más adelante si voy perdiendo 1-0 y faltan pocos minutos; como necesito empatar, hay que arriesgar más y recuperarla lo más pronto posible ya que se termina el tiempo. Depende de los jugadores que tenga, del resultado y del tiempo. Porque puedo ir perdiendo 1-0 en el minuto 5 y tampoco tengo por qué desesperarme, hay mucho tiempo todavía. Pero si el rival me hace el 1-0 en el minuto 40, tengo cinco minutos nada más y entonces tengo que ir a recuperar sin dilación.

MARCOS: Aclárame ahora qué es defender y cómo se hace.

ÁNGEL: Marcos, no te olvides que yo expongo sólo mi punto de vista, no es que tenga la verdad absoluta. Hablo de acuerdo con mi experiencia. Sigamos. El rival llega a zona de definición, no solamente dentro del área, sino en los alrededores de esta desde donde se puede hacer gol. Ahí la cuestión no es recuperar la pelota como primer objetivo, el primer objetivo es que no me hagan gol, que no pateen al arco. Las marcas ya son ahí personales, no puedo marcar en zona dejando libre al rival. Esto requeriría una explicación más extensa, que no viene al caso en este libro. Bueno, ahí las marcas tienen que estar más encima, es lo que quiero decir. No tengo que dejar que se den la vuelta, no tengo que dejar recibir libre y tengo que apelar a recursos que no serían apropiados en otros lugares de la cancha. Despejar, por ejemplo, ir al piso para cortar un pase o una situación de gol y cosas por el estilo. Esos son recursos a los que tengo que apelar para que el rival no me haga gol. Ahí estoy defendiendo, estoy protegiendo la portería, el arco, y eso es lo más importante en ese momento.

Marcos: Bien, tenemos la pelota, ¿qué debemos hacer? Yo me la llevaría a casa, pero no creo que sea lo correcto *(risas)*.

Ángel: Bueno, hay muchas, tampoco sería tan grave *(risas)*. Tenemos que hacer una salida limpia. La llamamos salida limpia cuando es con balón jugado, porque si no salgo con el balón jugado desde atrás, desde el inicio, es muy difícil que yo pueda crear o gestar la jugada y mucho más difícil que tenga claridad para definir. Entonces tengo que salir con la pelota jugada desde el fondo, tocando con más seguridad, porque estoy saliendo y ahí es donde puedo asumir menos riesgos. Siempre hay que asumir alguno si quiero jugar, pero digamos que, si salgo jugando, tengo que estar protegido. No como a la salida que ahora copian todos los entrenadores, esa donde los dos centrales se abren, los laterales van a la mitad de la cancha y baja a recibir un volante. Es una pésima salida que sorprendió en algún momento cuando la difundió el Barcelona que dirigía Guardiola, pero que ya está absolutamente asimilada por todos los equipos. Lo dejo ahí para no extenderme demasiado. Bien. Llego al centro del campo, ahí comienzo a gestar la jugada buscando la distracción de los rivales. ¿Para qué tengo la pelota? Para distraer. La pelota va para acá, para allá, para acá, buscando que la defensa rival se mueva y así encontrar un espacio que permita la jugada de gol. Se fabricó la jugada y voy a buscar el gol. Es el momento de la definición. Esta tiene que ser precisa, hace que todo el esfuerzo destinado a crear la jugada, termine en gol. Si pongo un jugador mío delante del portero y la tira a la tribuna todo ese esfuerzo es en vano.

Marcos: Hablaste de la distracción. ¿Puedes explicar eso un poco más?

Ángel: ¿Qué hago para distraer cuando tengo la pelota? La velocidad del juego depende de la velocidad que tiene la pelota en la circulación, no depende de que yo sea veloz, depende de que toque rápido, eso es lo que hace que el juego lo sea. Y el juego tiene que ser rápido, porque, si no, jugamos vos y yo todavía de defensores *(risas)*.

Si es lento, permito que la defensa tenga tiempo de reacomodarse. Y también es importante una cuestión técnica, el control. Cuando la pelota viene rápido, llega más fuerte y, entonces, si me rebota y se va dos metros, se arruina la jugada.

Esas son, en general, las cuatro acciones muy resumidas y la forma de que un equipo juegue bien al fútbol.

Marcos: Has hablado de jugar al fuera de juego. Has hablado de dos centrales y dos laterales... Tal vez en el Mundial de 1966 o de 1970 había una sola manera de jugar. Cuatro defensas, dos centrales y cuatro delanteros. Nadie pensaba en esto del 4-3-3, 4-5-1, había como mucha más libertad de estrategia para lo que has definido como jugar bien. Manejo del balón, más defender, atacar, controlar, definir. Como que había más libertad en ese ámbito. Hoy, al comienzo de la retrasmisión de los partidos, dicen: «Es un claro 4-3-3». No sé hasta qué punto esas estrategias se llegan a cumplir cuando se juega.

Ángel: No, en absoluto. Una vez, hablando de esto con Alfredo di Stéfano, dijo que los números, 4-3-3, 5-3-2..., todo eso, no sirven para jugar al fútbol. Y dijo otra cosa: «Yo desafío a que alguien con una máquina fotográfica vaya sacando fotos durante un partido y nos diga dónde están los números». Eso es una manera de enunciar la formación de un equipo. Se decía que antes jugaban con cinco delanteros y yo le pregunté a Di Stéfano si eso era ciento. Y me respondió: «Nooo, ¿cómo se va a jugar con cinco delanteros y dos defensores? Eso no es cierto». Después, por ejemplo, lo que vos decís del 4-2-4 tampoco es así. No puede haber sólo dos volantes en la mitad de la cancha. Bajaban los extremos y ayudaban en la recuperación y en el armado. Como te digo, son maneras de enunciar un equipo. Eso de los números en el fútbol es un orden de inicio, un punto de partida. Y vos lo dijiste muy bien, que eso no se cumple en el resto del partido. A veces hay dos en el fondo, otras veces hay siete en el fondo, a veces atacan con uno, a veces con seis... según las distintas situaciones de un partido.

Marcos: Me llama la atención hablar de campos pequeños. Profesionalmente los campos tienen una dimensión estipulada por reglamentos, las porterías no varían, eso seguro…

Ángel: Hay medidas mínimas y medidas máximas de las canchas.

Marcos: ¿Las medidas, sean unas u otras, influyen en el futbolista?

Ángel: Sí que influyen, no es lo mismo jugar en un campo con las medidas mínimas que en otro más grande. Influye sobre todo en los equipos más débiles. A los que quieren defenderse les conviene un campo más chico y a los equipos que quieren jugar, y tienen buenos jugadores, les conviene un campo más grande, porque así tienen más espacio para tocar, moverse con más libertad. Ahora, a propósito de eso, es bueno algo de lo que siempre estoy hablando: ¿por qué razón el reglamento habla de dos medidas o, mejor dicho, de dos medidas extremas? Dentro de esas medidas extremas –máxima y mínima– se puede hacer cualquier cosa. Yo creo que todos los campos de fútbol tendrían que tener las mismas medidas, como en el tenis, el rugby, el baloncesto, todas tienen las mismas medidas menos en el fútbol. No me parece bien. Todos están hablando de los supuestos aportes de la tecnología, pero por qué no hacen algo sensato y exigen que los campos midan lo mismo y cuanto más grandes mejor. Las medidas máximas creo que están bien, porque en las medidas mínimas, como las áreas miden lo mismo a pesar de que el campo es más chico, la diferencia entre el área y el extremo del campo es más corto. Hay cosas que cuesta entenderlas.

Pero sí que influye, Marcos. No es determinante, pero tiene su influencia.

Marcos: Ahora que hablamos de la influencia, quiero compartir este interrogante. Cuando inicié mi afición por ir al campo a ver los partidos, sólo se podían realizar dos cambios, ahora se pasó a tres y con la pandemia ya son cinco. Incluso se habla de que, una vez realizados, si se produce una situación extraordinaria –por ejemplo, un fuerte golpe en la cabeza–, se habilita un sexto cambio. ¿Crees que eso favorece el fútbol?

Ángel: Durante mucho tiempo no hubo ningún cambio. Empezaban los 11 y terminaban los 11. De ahí viene el gol del cojo, si un jugador se había lesionado lo ponían de delantero para no quedar con diez. No había ningún cambio. Después, en Inglaterra, se empezó a permitir un cambio y entonces muchas veces los entrenadores ingleses no sabían qué llevar y tenían que elegir entre un portero y un jugador de campo, porque había un solo cambio, como digo. Después se implantaron los dos cambios. Luego tres. Ahora cinco. Eso, evidentemente, desvirtúa el juego. Vamos a suponer un ejemplo extremo: un delantero tiene loco al lateral izquierdo, loco y desanimado, lo regatea siempre, por acá, por allá, y crea mucho peligro. Cambian al lateral. Ponen a otro. ¿Qué ha pasado? Que también cambia el partido. Y si extendemos eso a cambiar medio equipo, es literalmente otro partido dentro del partido inicial. Los cinco cambios, desde mi punto de vista, son un desastre. Además, las interrupciones con el VAR son constantes... El fútbol es un juego de continuidad, no se puede interrumpir a cada rato, y los cambios son eso: interrupciones. Otro ejemplo, un central al que el delantero no puede superar nunca. Ponen otro delantero y ¿qué sucede? Que eso influye anímicamente en el defensor. A mí me ha pasado jugando, que uno se siente superior y te dices: «Este no me gambetea más, no toca más la pelota», se ejerce un dominio mental y el otro, el delantero en este caso, se desanima. Entonces lo cambian y ponen a otro delantero. Como te digo, es otro partido.

Creo que los cambios tendrían que ser dos, por si ocurren lesiones, para no quedar con diez. Sin ningún cambio también me parece excesivo riesgo. Tres cambios ya me parecen muchos, cinco cambios es desvirtuar este juego totalmente.

Marcos: Se habla mucho de las diferencias que existen al jugar como local o como visitante. La presión del campo y todo lo que ello significa. Afición, cánticos, apoyo, pitos, en fin, el ritual completo. Durante la pandemia, al jugar sin público, esta circunstancia desapareció. Pero en una circunstancia normal, sin entrar en el hecho de que los estadios tampoco tienen la misma capacidad (hay ciudades cuya población es menor que el aforo del Santiago Bernabéu o el Camp Nou), ¿realmente influye tanto jugar de local o visitante?, ¿un entrenador prepara de manera distinta el partido?

ÁNGEL: No. Hay entrenadores que sí lo hacen, si van de visitantes van a defenderse. Pero normalmente en lo que influye es en el ánimo. Y, efectivamente, influye mucho. El ánimo es muy importante para cualquier cosa, pero sobre todo para alguien que tiene que exponerse, pues en ese caso se necesita una dosis de seguridad, de confianza. El público de nuestro campo nos estimula, nos ayuda, grita y ánima y, aunque uno no pueda más, siente que sí debido a ese estímulo. En cambio, si estoy de visitante, no tengo a mi gente. Aunque esto es algo que ocurre en Europa, porque en Sudamérica sí que van los hinchas visitantes y el aliento es parejo entre dos equipos grandes. La hinchada tuya cumple un papel importante en el ánimo, no te deja desfallecer, no te deja entregarte, te da un empujón para poder un poco más y eso es importantísimo. Un médico en Argentina (el Dr. Darío Oliva de la selección) decía que sentirse cansado no es estar cansado y explicaba que si un señor viene de su trabajo de la fábrica, aparentemente muy cansado, y, de pronto, cuando llega a su casa ve un incendio en su piso, el tipo subiría diez pisos volando, porque querría salvar a su familia, un estímulo descomunal. Él se sentía cansado, pero no lo estaba. El estímulo de la gente te hace no sentirte cansado y seguir corriendo y luchando. Porque te levanta el ánimo. El público influye mucho.

MARCOS: Siempre se ha dicho que lo que pasa en el campo queda dentro. ¿Qué hay de verdad en esa frase? ¿Hay guerra sucia en el juego para desestabilizar al contrario? Zidane y el cabezazo a Materazzi, el tocamiento de los testículos de Míchel a Valderrama... En un partido de fútbol, ¿lo que vemos los aficionados es el mismo partido que viven los futbolistas?

ÁNGEL: Sí, suceden cosas, hoy menos por la existencia de tantas cámaras. Casi resulta imposible hacer algo sin que quede filmado; pero verbalmente sí, por supuesto. Se hacen faltas, digamos, subterráneas, se insultan, se miran, y por eso el jugador de fútbol generalmente (no siempre, esto ha cambiado y está cambiando) no cuenta lo que pasa ahí adentro, se terminó el partido y con él todo; porque eso forma parte del juego, te peleaste con un tipo, te agarró la camiseta, le dijiste algo, él te dijo algo, terminó el partido, no tengo por qué contarlo. Se dicen y se hacen cosas, lo que pasa es que ahora es complicado, porque te delatan mil cámaras al agarrar al tipo de la camiseta o el pantalón para que no salte, y ello lo complica. Pero claro que sí. Bueno, en el fútbol, en el baloncesto y en todos los deportes.

MARCOS: Claro, en todos los deportes de equipo.

ÁNGEL: Exacto. Aunque en los individuales hay sus «cositas» también.

MARCOS: Antes, cuando no había cámaras, agarrar a un futbolista por la camiseta era penalti si se daba en el área. No existía esa graduación que tanto les gusta a los periodistas, «no es suficiente», «se requiere más fuerza», «no lo desestabiliza del todo»…, en fin, argumentos que poco tienen que ver con el agarrón, que es el hecho juzgado, no su intensidad. En ocasiones se recurre al argumento machista: es un juego de hombres, de contacto.

ÁNGEL: En un córner, si vos saltás para cabecear, basta con que te toquen levemente para desestabilizarte y es penalti, por supuesto que es penalti, falta dentro del área.

MARCOS: Hablemos del comportamiento de las aficiones. Las hay que cuando tu equipo va perdiendo, y eso sucede en el Santiago Bernabéu, me llama la atención, pitan a los jugadores, los insultan. En otros se dirigen al palco, sacan pañuelos blancos. Recuerdo el caso de Míchel, se fue del campo porque pitaban su juego.

ÁNGEL: Te lo iba a decir antes. Influyen de las dos maneras. Si te salen mal las cosas y te empiezan a silbar, te hunden, naturalmente, y hay fanáticos que son intolerantes, es verdad. Eso influye negativamente en el equipo, en la mayoría de los jugadores. La hinchada tiene las dos influencias, o te estimula, o te hunde. Entonces, muchas veces uno dice: «tiene la ventaja del local», pero eso según qué seguidores sean, porque si una hinchada es intolerante, ojo, es preferible jugar de visitante, porque, si te salen mal las cosas, no hay nadie que te silbe o te presione con murmullos de desaprobación. Efectivamente.

MARCOS: Hay equipos que contratan un psicólogo. ¿Influyen? ¿Cómo?

ÁNGEL: En este tema yo tengo una mirada particular. No estoy de acuerdo con la presencia de un psicólogo en el cuerpo técnico. Los temas destinados a los psicólogos son del entrenador. Es él quien tiene que tener diálogo permanente con el equipo, si no sirve para tener ese diálogo, mal va el asunto. En lo individual es otra cuestión. Si algún jugador necesita una ayuda especial, es lógico que acuda a un psicólogo. Pero imagínate que a un jugador le duela una muela, no por eso va a haber un dentista en el cuerpo técnico.

MARCOS: En el deporte se habla de las dietas, los tipos de alimentación, y aquí también los equipos tienen nutricionistas. ¿Qué piensas de su función en el fútbol? ¿Como entrenador conoces casos de futbolistas cuya alimentación fuera poco saludable?

ÁNGEL: Eso es importante para vivir en mejores condiciones, no sólo para los deportistas de elite. Me refiero a una alimentación saludable, claro que sí. Porque le hacen comer al jugador lo que le corresponde, lo que no le hace daño, lo que lo nutre, lo que le protege el hígado, lo que no lo engorda artificialmente. Eso es fundamental.

MARCOS: ¿Pero los futbolistas lo asumen?

ÁNGEL: Algunos lo respetarán y otros no, pero el jugador tiene que entender que la dieta es importante para vivir mejor, no se puede comer cualquier cosa.

MARCOS: Sí, estoy de acuerdo contigo, pero no veo ningún jugador gordo con sobrepeso como cuando decían eso de Ronaldo «el gordo».

Ángel: Pero ya no se trata de estar gordo o no. Hay jugadores que toman mucha Coca Cola, dos o tres litros por día, y eso es azúcar a paladas que hace que el hígado funcione mal y complica todo el organismo, genera cansancio, abatimiento. No hace falta estar gordo para que el cuerpo no funcione bien.

Marcos: Retomemos el tema del psicólogo. Hay futbolistas que dicen haber seguido una terapia y que les ha devuelto la confianza tras una lesión o una temporada sin marcar goles si es delantero. ¿Cuál es tu experiencia?

Ángel: Si el problema psicológico es grave, indudablemente que es necesario que ese jugador acuda al psicólogo. Si es una cuestión de las habituales en la trayectoria de un jugador, es tarea del entrenador. Si un hijo tuyo sufre un desengaño y por eso se encuentra triste, deprimido y abatido, sos vos como padre o la madre, por supuesto, quienes tienen que ayudarlo. Si la cosa es más seria, más profunda, lo mejor será que visite a un psicólogo. Ese es mi punto de vista, insisto, basado en mi experiencia como jugador y entrenador. Además estudié Psicología, tengo idea de lo que hablo.

Marcos: Veo que tu hija, María, te acompaña en nuestra plática por Skype. Sabedor de que es una excelente periodista, que ha investigado sobre la explotación de los futbolistas profesionales y también sobre el fútbol femenino, quisiera que la invitásemos a participar.

Ángel: Excelente idea, pero es María quien debe aceptar.

María Cappa: Por supuesto.

Marcos: Genial. Acá va la primera: ¿Se puede hablar de explotación en el fútbol profesional? Los hinchas objetarán el mucho dinero que ganan los profesionales.

María: Para empezar, hay que especificar que el fútbol profesional no se limita a aquel que más sale en los periódicos o que copa las noticias deportivas. El fútbol profesional también engloba la segunda división y la segunda B en España, las competiciones en Malta, Polonia, Nigeria, Chile, Uruguay... Es decir, la realidad no se limita a lo que los medios reportan; según un estudio elaborado por la FIFPro (Federación Internacional de Futbolistas Profesionales) en 2016 sobre las condiciones laborales de los jugadores, solamente el 2 por 100 del total perciben un salario millonario, mientras que para la mayoría de ellos el sueldo mensual apenas llega a los mil euros, situación, esta última, que afecta al 73 por 100 de los futbolistas que juegan en África, al 46 por 100 de los que lo hacen en América y al 32 por 100 de los que compiten en Europa.

Después habría que definir qué es la explotación laboral, que suele entenderse como todos aquellos abusos que el empleador comete sobre el empleado y que va más allá de un salario bajo en condiciones precarias, sino que también implica una serie de aspectos sociales, económicos, morales, físicos y mentales que lo afectan. La característica más destacada de esta explotación es la desigualdad de poder entre el empleador y el trabajador, generada porque el primero recibe la mayor parte del beneficio producido a raíz del trabajo realizado por el segundo. Es más, muchos de los expertos que han analizado este fenómeno han asemejado la esclavitud con la explotación laboral, con la diferencia de que el empleador no tiene un poder absoluto sobre sus trabajadores, aunque la intención principal en ambos casos es obtener un provecho, por lo general económico, a costa del trabajo realizado por otras personas. Algo que, en el caso de los futbolistas de elite, de ese 2 por 100 privilegiado, también sucede. Pongamos como ejemplo a Lionel Messi. El 31 de enero de 2021, el diario *El Mundo* publicó los datos del último contrato que el jugador argentino había firmado con el Barcelona, donde se revelaba que se había establecido un salario de 555 millones de euros brutos repartidos entre 2017 y 2021, incluyendo salario fijo, derechos de imagen, primas y variables según objetivos. Por otro lado, de acuerdo con la memoria del ejercicio correspondiente a 2018/2019 publicada por el propio club, el Barcelona ganó 990 millones, de los que casi 670 procedían directamente de la plantilla. De esta última partida, el 38 por 100 (255 millones) se obtuvo gracias a la «comercialización y publicidad» del primer equipo y sus jugadores, de los que Messi es considerado el «activo más valorado» y el que más inversiones atrae.

Finalmente, a aquellos hinchas que consideran que un futbolista que gana mucho dinero no tiene derecho a quejarse acerca de sus condiciones laborales, habría que aclararles que la protección de un derecho, del tipo que sea, no está sujeta al salario percibido por el titular de dicho derecho. En concreto, el derecho laboral tiene como objetivo defender los intereses del trabajador y protegerlo de aquellas circunstancias que puedan llegar a perjudicarlo (desde unas condiciones precarias hasta prácticas que pongan en riesgo su salud, pasando por horas de trabajo, despidos, indemnizaciones...).

Teniendo en cuenta todo lo anterior, la respuesta a la pregunta es sí. Pero no seré yo quien diga por qué, sino, en primer lugar, el jugador alemán del Real Madrid Toni Kroos, quien en noviembre de 2020 se lamentaba:

> Nos vamos a cargar el fútbol [...]. Con la invención de todas estas nuevas competiciones parece que somos títeres de la FIFA y la UEFA [...]. Si hubiera un sindicato de jugadores que decidiera sobre estas cuestiones, no tendríamos ni una Liga de Naciones [creada por la UEFA], ni una Supercopa española en Arabia Saudí ni un Mundial de Clubes [FIFA] con 20 equipos [...]. Estas competiciones se han creado para exprimir físicamente al jugador y obtener tanto dinero como les sea posible.

Y esta situación no ha hecho más que recrudecerse a partir de la pandemia de coronavirus que asoló al mundo entero a partir de finales de 2019.

MARCOS: ¿A qué se debe el exceso de partidos que hay programados en el fútbol profesional en todo el mundo?

MARÍA: En diciembre de 2018, la consultora Pricewaterhouse-Coopers (PwC) publicó un estudio sobre el impacto económico, fiscal y social del fútbol profesional en España a partir de los datos obtenidos durante la temporada 2016/2017. Entre otras cuestiones, habla de los «efectos tractores», definidos como el impacto económico que la competición española de primera división tiene en otros sectores y que de otra forma no existirían. Estos sectores beneficiados son: hostelería y restauración, transporte y alojamiento, juegos y apuestas, videojuegos, medios de comunicación y la televisión de pago que ofrece los partidos. Debido a lo que se conoce como «día de partido», los dos primeros sectores obtuvieron unos ingresos de casi 2.400 millones de euros gracias al consumo de alimentos, bebidas y otros productos por parte de los aficionados, así como a los gastos de desplazamiento a o desde el estadio y de alojamiento para acudir a un partido de fútbol. De los 1.881 millones de euros que las televisiones de pago facturaron durante esa temporada, 561 millones los obtuvieron gracias a los encuentros retransmitidos, una cifra similar a la que alcanzaron los medios de comunicación entre la venta de prensa escrita y los ingresos por publicidad. Por otro lado, las apuestas deportivas relacionadas con el fútbol en España movieron más de tres mil millones de euros en la temporada 2016/2017, un volumen que hizo que las casas de apuestas ganaran (importe jugado menos importe de premios repartidos) alrededor de 261 millones. Finalmente, las ventas de videojuegos y aplicaciones (*apps*) de temáticas relacionadas con el fútbol profesional fueron de alrededor de 217 millones de euros.

Durante la pandemia, además, se aprovechó para «espectacularizar» más aún si cabe las retransmisiones de los partidos. *La Vanguardia* publicó a finales de noviembre de 2020 un publirreportaje de LaLiga sobre los avances tecnológicos a la hora de televisar los encuentros, donde se refieren a la gestión de datos, cámaras robot y realidad aumentada: «La inserción de gráficos en 3D con las alineaciones y estadísticas que permiten a los telespectadores anticiparse a determinadas acciones del juego se ha extendido a todos los partidos de LaLiga Santander». El tuit que lo anunciaba decía: «Hace tiempo que el fútbol dejó de ser sólo fútbol para convertirse en una experiencia audiovisual». Asimismo, han dado un paso más a la hora de alterar la realidad de lo que está sucediendo en el terreno de juego aprovechando la ausencia de público: «La ausencia de público físico también ha permitido en estadios como el Wanda desarrollar planos televisivos que anteriormente no eran posibles. De esta forma, al ser el tiro de cámara más picado, en vez de horizontal, siempre se ve el verde de fondo y no una grada vacía». Por otro lado, para amortiguar la sensación de vacío que puede producir la retransmisión:

> LaLiga ha implementado una serie de recursos innovadores que han tenido una gran acogida entre la audiencia, como la grada y el audio virtuales. Se trata de que la percepción del espectador sea lo más cálida posible, y que se acerque a lo que estaba acostumbrado a percibir anteriormente, aunque, a diferencia de otras competiciones y otros deportes, no se trata de presentar a personas en concreto, sino que la sensación general sea que el público está presente en las zonas que se perciben por televisión.

Para desarrollar todos estos avances tecnológicos, la empresa Mediapro (agencia exclusiva de LaLiga para la comercialización internacional de los derechos televisivos) creó Mediacoach, una herramienta patentada de análisis de movimiento de vídeo para los 42 equipos de LaLiga en España y que aspira a que tanto los entrenadores como los analistas de los clubes la usen como medio para «conocer mejor a tu equipo y al rival y deja al azar la menor cantidad de cosas posibles.

MARCOS: ¿Qué efectos tiene ese exceso en la salud de los futbolistas?

MARÍA: Las quejas sobre el exceso de partidos, viajes y falta de descanso no son nuevas (Pep Guardiola, por ejemplo, lleva denunciándolo desde que llegó a Inglaterra), pero la pandemia ha recrudecido esta situación. Ya en junio, la Federación Internacional de Futbolistas Profesionales (FIFPro) advertía que las partes interesadas [FIFA, UEFA] no habían logrado introducir «garantías para proteger la salud de los jugadores durante lo que va a ser un programa de partidos altamente saturado» a la hora de retomar las competiciones nacionales y continentales. «Un gran porcentaje de futbolistas de elite estaban jugando ya demasiados partidos antes incluso de la pandemia, con una falta de tiempo de recuperación entre partidos y un descanso físico y mental insuficiente entre temporadas. Ahora, desde la reanudación de la actividad, observamos un primer repunte de lesiones debido al tiempo de preparación insuficiente y a un calendario demasiado saturado.» Este repunte fue cifrado por la FIFA y la UEFA en diciembre de 2020 en un 29 por 100 más de lesiones traumáticas y un 105 por 100 de las musculares.

En septiembre de ese mismo año, la FIFPro alertaba de nuevo sobre la necesidad de repensar el calendario internacional, ya que hasta 251 jugadores de selecciones latinoamericanas tendrían que realizar viajes de larga distancia para participar en los partidos clasificatorios de octubre y noviembre para el Mundial de Catar de 2022. Para ilustrarlo, exponía que 30 de los 35 futbolistas de Argentina y 33 de los 34 de Colombia jugaban en equipos extranjeros, cifra que alcanzaba la totalidad de la plantilla en casos como los de Paraguay o Uruguay. Apenas un mes después, volvía a emitir un comunicado en el que constataba el agotamiento físico y mental de los futbolistas ya durante el primer trimestre de la temporada 2020/2021 y advertía, una vez más, sobre la carga mental y física a la que iban a estar expuestos, al menos, hasta finales de 2022.

Ninguna de estas advertencias fue escuchada. El Barcelona, por ejemplo, jugó diez partidos en 25 días (uno cada dos días y medio, cuando los expertos médicos sugieren que lo ideal es que pasen, al menos, cinco días) entre el 21 de noviembre y el 25 de diciembre; el Granada jugó mil minutos entre el inicio de la temporada y el 2 de diciembre; de septiembre a noviembre, el delantero del Tottenham Harry Kane ya había jugado 20 partidos (el equivalente a la mitad de la temporada en la

Premier League) con su club y la selección inglesa en seis países distintos, y el entonces entrenador del PSG, Thomas Tuchel, denunciaba en noviembre que su equipo había jugado ocho partidos en 22 días y que, «dada la saturación del calendario, no tenemos sesiones de entrenamiento, sino de recuperación». En la misma línea, Guardiola declaró que «es sólo jugar y recuperarse, pero no hay tiempo para trabajar en mejorar al equipo; se trata de sobrevivir. Todo se resume en el prepartido, el partido y la recuperación, y así es muy difícil hacer algo para que el equipo evolucione».

Además del lógico descenso en la calidad de las competiciones, las bajas de los jugadores (bien por coronavirus, bien por lesiones) no han dejado de sucederse. En la Bundesliga, antes del confinamiento las estadísticas hablaban del 0,27 de lesionados por partidos, mientras que en la vuelta a la «normalidad» esta cifra se elevó a casi un lesionado por encuentro. Entre septiembre y principios de diciembre de 2020, España contaba con 34 positivos por coronavirus y más de 200 lesiones en los 20 equipos de primera división y la Premier League acumuló más de 250 bajas (92 solamente en el mes de noviembre), 127 de ellas por lesiones musculares o en los tendones.

Marcos: No son muchos los futbolistas que hablan de estos temas. ¿Hay algún sindicato que los proteja?

María: Sí, claro. De hecho, la FIFPro es la federación que aglutina todos los sindicatos del mundo que quieran unirse. No todos los países tienen uno, pero sí la mayoría de ellos. El problema, en este sentido, no es la ausencia de un sindicato, sino la falta de fuerza que creen tener frente a los dueños de las competiciones en algunos países como en España o el sometimiento a estos dueños, como es el caso de los mexicanos.

Marcos: ¿En qué momento está el fútbol femenino?

María: El año 2019 fue considerado por muchos como el del fútbol femenino. Aunque el Mundial disparó las audiencias y la atención mediática, el récord de espectadores en los estadios que se registró en varios encuentros de diferentes países ya hacía prever que se estaban empezando a superar los prejuicios. Patrocinadores de todo el mundo comenzaron a mostrar su interés por invertir en las competiciones femeninas y, tras varios años de lucha, las jugadoras españolas lograron al fin tener un convenio que regulara su profesión[1].

MARCOS: ¿Cómo afectó la pandemia al fútbol femenino?

MARÍA: Desafortunadamente, la pandemia nos ha devuelto a la realidad y nos ha demostrado que todos estos prometedores avances no eran más que espejismos. Un informe de FIFPro publicado en junio de 2020 hablaba de que la crisis del coronavirus había expuesto la fragilidad del ecosistema del fútbol femenino

> debido a sus ligas profesionales menos establecidas, los bajos salarios, el menor margen de oportunidades, acuerdos desiguales de patrocinio y la menor inversión institucional. La falta de contratos por escrito o el breve plazo de validez de los existentes se suman al acceso inadecuado a la cobertura sanitaria, así como a la ausencia de protecciones laborales básicas, lo que deja a numerosas jugadoras en riesgo de perder su sustento y de sufrir posibles trastornos de salud física y mental.

Antes de la pandemia, tal como señalan en *The Conversation*, el fútbol femenino ya contaba con peores campos de juego, salarios inferiores, condiciones desiguales en premios en metálico (en la FA Cup, el premio por ganar la final para las mujeres es de 25 mil libras, frente a los 3,6 millones que obtienen los hombres) o dependía de los patrocinios para obtener ingresos. Sólo el 16 por 100 del total de los 62 países consultados cuenta con una liga profesional femenina; esto es relevan-

---

[1] A pesar de que les habían prometido tener un convenio en el Estatuto de los Trabajadores para la temporada 2021/2022, no se ha hecho por los desacuerdos con las categorías masculinas. Y se ha retrasado para la temporada 2022/2023. Es decir, hay una dejación con el fútbol femenino que no ocurre con el masculino.

te, ya que determina la posibilidad de acceder a determinados derechos laborales o a representación sindical. Durante la pandemia, según la FIFPro, el 47 por 100 de las jugadoras con contrato había visto reducido o eliminado su salario y la mayoría de las futbolistas (profesionales o no) se vieron apartadas del proceso de la toma de decisiones (salarios, suspensión de las competiciones) y denunciaron que solamente se las había informado una vez alcanzadas las conclusiones o ni siquiera entonces. Además, en el 64 por 100 de los casos, los equipos femeninos no se incluyeron en los protocolos de regreso a la competición en los que los clubes sí estaban trabajando para los hombres.

MARCOS: ¿Cómo se gestionó la vuelta al fútbol tras el inicio de la pandemia?

MARÍA: La vuelta al fútbol no fue ni fácil ni equitativa. Solamente Alemania y Estados Unidos pudieron retomar los partidos en junio. En el caso alemán –que comenzaron a jugar dos semanas después que los hombres–, gracias a la organización y los apoyos público e institucional. Por ejemplo, los cuatro grandes clubes del país participaron en un fondo económico solidario para ayudar a los clubes de tercera masculinos y los de primera femeninos a sufragar las PCR que tienen que realizarse semanalmente. Por otro lado, en Estados Unidos la vuelta a los estadios vino de la mano de las empresas privadas. La competición se trasladó a Utah; los costes fueron cubiertos por los patrocinadores y las cadenas de televisión y el propietario del Utah Royals FC proporcionó alojamiento e instalaciones para entrenar a los diez equipos del torneo.

Esas fueron las excepciones. En España la competición se dio por finalizada cuando quedaban ocho partidos por jugar y el inicio de la siguiente tuvo lugar un mes más tarde que la masculina. Según explicó en octubre Cristina Auñón, capitana del Rayo Vallecano, en el diario *As*, no podían entrenar (por ley sólo se permitía a los atletas profesionales), no se les habían financiado las PCR y el protocolo de actuación contra el coronavirus no era más que una concatenación de recomendaciones. En los Países Bajos, la competición masculina se retomó en septiembre, pero no la femenina (de nuevo, por no ser profesional). Tras un mes de protestas, la ministra de Deportes declaró que lo que se aplicaba a los hombres debía aplicarse a las mujeres y, finalmente, comenzó a jugarse el 30 de octubre. Algo similar sucedió con los torneos inglés e italiano, donde la excusa para retrasar la vuelta del fútbol femenino en ambos casos fue el elevado coste que ello suponía, a pesar de que la mayoría de los equipos de estos torneos forman parte de clubes como el Arsenal, el Tottenham, el Chelsea, el Milán, la Juventus o la Roma, que cuentan con recursos económicos más que suficientes.

MARCOS: ¿En qué condiciones deben jugar las mujeres profesionales?

MARÍA: El solo hecho de plantear esta pregunta ya revela la injusticia a la que tienen que enfrentarse las mujeres (no solamente las deportistas, sino todas) en la sociedad actual. La pregunta debería ser en qué condiciones deben jugar aquellos que quieran dedicarse o se estén dedicando profesionalmente al fútbol. Separar a las mujeres mediante esta pregunta es, de por sí, preocupante. Cualquiera que quiera dedicarse al fútbol profesional debería poder hacerlo en unas condiciones dignas, según la definición del derecho laboral o de los derechos humanos, sean hombres o mujeres. Y, en ambos casos, debería garantizárseles el respeto hacia ellos, como profesionales, y hacia el deporte al que han decidido dedicarse, lo que significa que, en ambos casos, el control monopólico de las empresas que se lucran con ello debería estar fuertemente regulado, tanto por exceso (como es el caso actual de los hombres) como por defecto (que es el caso de toda la vida de las mujeres); es decir, que la lógica de mercado y los estándares patriarcales no deberían imponerse en la práctica deportiva ni amateur ni profesional.

MARCOS: ¿Qué soluciones o mejoras se plantean para las futbolistas profesionales?

María: En primer lugar, es imperativo un cambio de mentalidad y un compromiso reales por parte tanto de la sociedad en sí como de las instituciones que manejan el fútbol a nivel nacional e internacional, además de una cobertura y tratamiento apropiados por parte de los medios de comunicación, cuyo trabajo para difundir el día a día del fútbol femenino, así como el desempeño de las futbolistas hasta el momento, ha sido claramente deficiente. En el informe elaborado por *The Conversation*, señalan también otros dos aspectos fundamentales para alcanzar una equidad que todos defienden en teoría, pero que nadie pone en práctica. Por un lado, que los clubes consideren a los equipos femeninos tan vitales para su economía como lo son los masculinos, en lugar de fundarlos como un mero gesto de buena voluntad. Por el otro, que clubes, inversores y patrocinadores dejen de lado las formas tradicionales en las que generan beneficios con los equipos masculinos y se atrevan a ser innovadores y proactivos en sus enfoques para lograr que los equipos femeninos sean tan rentables como competitivos.

Marcos: María, muchas muchas gracias. Ha sido una suerte poder contar con tus reflexiones, que desde luego nos permiten entrar en el fondo del problema. Nuevamente agradecidos.

CAPÍTULO X
El pospartido: ¿y ahora qué?

ÁNGEL: Marcos, tras este diálogo puede dar la impresión de que estamos en un callejón sin salida. La izquierda tiene mucho trabajo para encarrilar la situación. ¿Hay alternativa o definitivamente ha triunfado el capitalismo?
MARCOS: La pregunta no tiene fácil respuesta. Se puede enfocar desde un optimismo desmesurado o proponer una visión derrotista. Y hay que decir que esta última acompaña a la izquierda que claudicó y señaló la caída del Muro de Berlín como el fin del socialismo como proyecto y alternativa anticapitalista. Esta visión no sólo es reaccionaria, además identifica el socialismo con la Unión Soviética y la experiencia de los países del Este. En otras palabras, acepta la concepción capitalista del socialismo, identificado con la represión, la dictadura y un orden sombrío. Así, los ideólogos del capitalismo hacen coincidir a Marx y Engels con Hitler. Una visión maniquea, que termina por desacreditar el pensamiento crítico, el socialismo y las alternativas populares. Lamentablemente, se ha impuesto y responde a una estrategia paralizante y desmotivadora de luchar por el socialismo. Por otro lado, ni asaltar los cielos ni triunfo del capitalismo. El futuro está abierto, no responde a un diseño acabado. Los procesos políticos no son modelos, menos algoritmos. Las revoluciones que han sido y serán han ocurrido sin que nadie las haya predicho. Los cambios sociales son el resultado de un sinnúmero de hechos que suman, desde las organizaciones presentes, las luchas sociales, los movimientos sociales, las reivindicaciones más insospechadas, abren el camino a las revoluciones. Mira la Revolución francesa, la Revolución mexicana, la Revolución rusa o la china. Y qué decir de la re-

volución de los esclavos en Haití, cuna de los procesos de emancipación en América Latina. Y qué decir del triunfo electoral de Salvador Allende en Chile en 1970, toda una sorpresa. Eso sí, estos ejemplos vienen acompañados de estrategias, de organización, de propuestas, programas liberadores. El capitalismo es consciente de sus límites, de sus contradicciones, por ello crea la ilusión de ser un orden social indestructible e invencible. Es parte de la guerra psicológica para provocar el desaliento y frustración. Pero el capitalismo no es inmortal. Y no se trata de un discurso anclado en «la esperanza es lo último que se pierde». Por el contrario, el capitalismo hace aguas por todos lados, lo cual no significa que su fin esté a la vuelta de la esquina. Hoy las luchas están generando un movimiento anticapitalista y en defensa de la humanidad en todos los rincones del mundo. El dilema al que nos enfrentamos es salvar el planeta del capitalismo que nos avoca a la extinción.

ÁNGEL: Me acuerdo de aquella famosa frase de Gramsci que decía que hay que ser optimista con el corazón y pesimista con la razón, y por eso te pregunto: ¿te parece que se puede recuperar la ilusión, que es posible la construcción de una sociedad auténticamente democrática?

MARCOS: Por supuesto. De lo contrario no estaríamos dialogando sobre los problemas que, en tanto ciudadanos, nos aquejan y hacen cuestionar la realidad. La democracia es un proyecto de vida, una práctica plural de control y ejercicio del poder, una relación social cuya máxima es mandar obedeciendo. Es una conducta. La democracia conlleva obligaciones, una responsabilidad donde no es posible abstraerse de la injusticia social, del hambre, la miseria, las relaciones de explotación y la desigualdad. Por consiguiente, la democracia debe estar presente en las actividades cotidianas. La democracia obliga a un comportamiento ético, a defender el interés general y el bien común. No se puede ir a una biblioteca y subrayar un libro que es de todos, debemos cuidar las plazas, los parques, los espacios públicos. No es democrático rayar las paredes, y no me refiero a los murales, tampoco se pueden abandonar las mascotas cuando nos molestan ni dejar sus excrementos en las aceras. No podemos ir en el metro y tirar papeles, utilizar el trasporte público y romper sus asientos, el cuidado de lo que es de todos supone responsabilidad colectiva, eso es democracia. Como ves, es una conducta plural, una forma política de existir, una sociedad compleja que nos exige ser ciudadanos con conciencia plena de nuestros actos. En democracia no se puede hacer lo que uno quiere. Y tal vez por eso no nos gusta ser demócratas. Y en cuanto a las responsabilidades de un Gobierno que se diga democrático, no se puede violentar la naturaleza, talar bosques, contaminar las aguas o privatizar los lagos, los ríos, los servicios esenciales, electricidad, trasporte o vías de comunicación, por ejemplo. Tampoco se pueden realizar megaproyectos cuyo resultado son el etnocidio y la desaparición de pueblos originarios. La protección del medioambiente, la naturaleza, es parte de un proyecto democrático. La democracia no se restringe a votar y elegir representantes. Sin duda es una parte de la misma, pero no el todo. La democracia, hemos dicho, es una actividad cotidiana en la cual se dejan ver los valores, las dimensiones éticas del comportamiento social. Pero tampoco se puede entender la democracia sin leyes justas, buenas y que se cumplan. No es posible tampoco pensar en la democracia mientras la desigualdad y la pobreza aumentan día a día. De ser así, morirse de hambre sería un hecho auténticamente democrático. No es lo mismo democracia representativa que representación democrática.

ÁNGEL: Yo creo, Marcos, que sigue siendo muy necesaria la tarea en el ámbito cultural, tal vez más que en otros momentos de la lucha, a raíz del poder tremendo de los medios de comunicación y las redes sociales. No podemos aspirar a un cambio verdadero con los valores del capitalismo. Es imprescindible partir de un pensamiento crítico, riguroso y profundo, para formarnos una conciencia de la realidad, no sólo distinta a la que inculca el sistema, sino opuesta totalmente. Vos, como sociólogo y militante, tendrás mucho que decir sobre esta cuestión. Te escucho.

MARCOS: El problema es de fondo. Algo hemos avanzado en la respuesta anterior. Desde luego la lucha cultural es fundamental. Me refiero a la formación como ciudadanos. Se trata de crear herramientas para el ejercicio crítico, leer la realidad y transformarla. La Segunda República en España o la experiencia de la Unidad Popular en Chile coinciden en ser proyectos culturales. Forjan ciudadanía plena, amplían los derechos políticos, sociales, suponen el reconocimiento a la participación de la juventud, la mujer asume protagonismo. Basta recordar el proyecto de García Lorca con su teatro La Barraca. No es extraño que la derecha se parapete bajo el «¡muera la inteligencia!». La cultura es la manera en la cual una sociedad construye su identidad, hace posible una comunicación, es un lenguaje desde el cual se descifra el mundo; en la escritura, en la pintura, en la arquitectura, en el arte en general, la educación laica, los valores éticos, la dignidad se muestran como horizonte común. Allí se recoge la historia. Mira, Ángel, un ejemplo. Los códices, las pinturas rupestres, los pictogramas, muestran la grandeza de lo humano y el pensamiento humanista. Somos creadores de cultura. Hemos buscado transmitir y dar a conocer la experiencia de vivir la vida. Basta observar la importancia de la piedra Rosetta donde se pueden reconocer tres escrituras, jeroglíficos egipcios, texto demótico y griego antiguo. Ahí está sintetizada la necesidad de comunicar. La imprenta fue otro hito. No por casualidad las tiranías queman los libros, los bombardeos en la guerra espuria contra Iraq del «trío de la muerte» tuvieron como objetivos militares arrasar museos y destruir la Biblioteca de Bagdad. Un crimen de lesa humanidad. Desaparecieron incunables, primeras ediciones, se quemaron legajos y de paso esquilmaron los museos. Fue un ataque a la memoria colectiva, un menosprecio a la cultura. Como bien dices, hoy la cultura es un campo de batalla. En su terreno se juega gran parte del futuro. Los medios de comunicación en manos privadas, con el advenimiento del capitalismo digital, configuran un oligopolio. Google, Amazon, Apple, Facebook, Microsoft... son los dueños de las redes y el internet de las cosas. Los cambios son brutales. Debemos defender la escuela, la universidad, el teatro, la pintura, la fotografía, el deporte, no como industrias destinadas a ganar dinero, sino como partes de la cultura. La lucha cultural es fundamental por su rol en el proceso de socialización. Proyectan valores, imaginarios colectivos. No es lo mismo potenciar el egoísmo, la competitividad y el éxito individual que la cooperación y la colaboración. Mira si el capitalismo reconoce la importancia de la lucha cultural, que toda su industria durante la Guerra Fría estaba centrada en mostrar que los comunistas eran asesinos despiadados. El anticomunismo entró por los ojos en los cómics, las novelas, el cine, las obras de teatro. El triunfo cultural del capitalismo digital consiste justamente en aceptar sus comportamientos como si de una razón universal se tratase. Es decir, se convierte en la única medida de los hechos sociales. No soy mal pensado, pero fíjate cómo lentamente la enseñanza de la historia, de la filosofía, de las ciencias sociales, desaparece de los institutos. Toda una declaración de intenciones. Gabriel García Márquez resumió esta situación cultural de sumisión y dominio con una frase lapidaria que ya hemos mencionado: «Cuando era feliz e indocumentado».

ÁNGEL: No es la misma situación política y económica en los países latinoamericanos que en los europeos. Pero en términos generales, ¿cuáles son las características que debemos tener en cuenta en uno y otro continente para la militancia de izquierda?

MARCOS: Bien, hemos dicho que no hay modelos. Cada país y, en este caso, continente tiene sus peculiaridades. Europa se ha caracterizado por su carácter imperial primero y luego imperialista. Sus países han practicado el etnocidio, el genocidio, desarrollado la esclavitud. La religión católica, por lo que nos compete, se ha caracterizado por ser inquisitorial. Llevar a la hoguera a todo aquel que pensara diferente. España, Francia,

Gran Bretaña, Portugal, Bélgica, Holanda, Dinamarca, y podría citar todos los países, han ejercido como potencias, por eso su historia es una historia de dominación, de explotación. Sus izquierdas se forjan en este mundo. Son deudoras de la idea de progreso. Les costó soltar lastre. Pero aún miran con desprecio a los países del llamado tercer mundo, en especial a América Latina. Basta ver cómo se aplican a la hora de señalar que son países en vías de desarrollo. ¿Cuál?, ¿el capitalista? Esa es la conceptualización de Podemos y de sectores de Izquierda Unida. Si quieren cambiar, primero deben reconocer el carácter imperialista de sus países, deben rechazar las políticas paternalistas, la sumisión a los Estados Unidos y tener un trato entre iguales. Hoy se siguen considerando superiores, miran por encima del hombro. Es un trato vejatorio. Hay excepciones, claro, pero son pocas. La izquierda europea está tocada del ala por su origen y considerarse portadora del proyecto. Las izquierdas latinoamericanas, en cambio, se han forjado en la lucha antiimperialista, de liberación nacional, antioligárquica, popular. Son por definición anticapitalistas. Eso ya es una dimensión de la cual carecen las izquierdas europeas. Hay una gran distancia, como puedes ver. Además, América Latina es un continente vivo. La izquierda europea tiene mucho que aprender de las experiencias de allá. Ser de izquierda en América Latina presupone luchar contra el capitalismo, contra la explotación, las plutocracias, el imperialismo y, por qué no decirlo, también contra la visión socialdemócrata de las izquierdas europeas. La socialdemocracia europea ha hecho mucho daño en las izquierdas latinoamericanas, hasta conseguir romperlas, dividirlas e imponer un proyecto modernizador para el beneficio del capital transnacional. La militancia en Europa se diluye en la red, no existe compromiso, es más bien un estado de ánimo. En América Latina se juega uno la vida. Mira si no hay diferencia.

ÁNGEL: En los setenta aspirábamos a una sociedad socialista. Hoy también, pero ¿de qué socialismo estamos hablando actualmente? O te lo planteo desde este punto de vista: ¿qué diferencias, si las hay, existen entre el socialismo que pretendíamos en aquellos años y el que deseamos hoy?

MARCOS: El proyecto sigue siendo el mismo. No hay cambios en lo sustantivo. Luchar por la justicia, la democracia, la igualdad, contra la explotación, la miseria, el hambre. Podríamos enumerar todas las lacras del capitalismo. Lo que cambia son las formas de luchas, los nuevos espacios, la propia dinámica del capitalismo digital. La lucha es desigual, asimétrica, en medio de una propuesta de totalitarismo despolitizante capaz de dominar bajo los algoritmos y el *big data*. Hoy son mucho más los elementos que configuran el programa socialista. La lucha contra el patriarcado, el calentamiento global y también las responsabilidades. Se trata de pensar para ganar, no sólo resistir. El camino es lento, pero sabemos a dónde se quiere llegar; el cómo lo construimos día a día. Y no hay recetas. Los zapatistas son ejemplo.

ÁNGEL: Es evidente, según podemos comprobar en la práctica, que no es posible un cambio real del capitalismo a otra sociedad mejor llevado a cabo por un país individualmente. Tampoco lo fue históricamente. ¿Cómo hacer, entonces, para aunar esfuerzos y que sea una acción común entre las izquierdas de varios países?

MARCOS: Ufff. Si lo supiera, ya estaríamos en el socialismo. Pero creo que nuevamente los zapatistas aportan ideas. Caminar juntos, ir transformando lentamente lo que esté a nuestro alcance. No se puede luchar contra el mundo, tampoco contra el capitalismo en abstracto. Hay que abrir brecha y eso sí es posible. No hay otra. No podemos esperar que otros hagan lo que está en nuestras manos. La propia pregunta podría sugerir que no hay salida. Pero pienso al revés. ¿Cómo hará el capitalismo para evitar su derrota?

ÁNGEL: Buena manera de tirar balones fuera (*risas*).

MARCOS: Bueno, ahora me toca. Hoy, los futbolistas están sometidos a un estrés donde se juntan las críticas, la necesidad de ganar, los viajes y, en algunos clubes, un ritmo frenético de partidos. Las lesiones se generalizan y el cansancio físico y mental hace aparición. ¿No es otra forma de matar el fútbol como lo conocíamos?

Ángel: Todo eso conspira contra algo fundamental: el placer de jugar. O en otras palabras, condiciona notablemente el juego. Convierte el fútbol en un trabajo, entendido como sacrificio. Y en alguna medida, por lo tanto, le quita el significado que tenía. Porque, como ya hemos dicho, los jugadores arriesgan menos o no arriesgan directamente y el juego es riesgo o no es juego. No quiero decir arriesgar sin sentido. Todo lo contrario. Primero los jugadores tienen cualidades especiales para jugar y luego se preparan, entrenan, para arriesgar con fundamentos. Como decís, Marcos, los llenan de obligaciones y presiones que les impiden desarrollar todo lo que saben y pueden.

Marcos: Ya que mencioné la crítica, quiero detenerme en la proveniente de los periodistas deportivos. Me llaman la atención la continua descalificación, los insultos y las predicciones de quienes tienen una responsabilidad social: educar en los valores del fútbol, en el respeto, y dar una información veraz. Sin embargo, es todo lo contrario. Sea la COPE, Onda Cero, la SER, Intereconomía, Radio Marca, los responsables de los programas no hacen más que azuzar, llamar a la guerra y mofarse. No se escuchan y, lo que es peor, un día dicen blanco y otro negro. Bueno, tú que has vivido de cerca ese mundo, ¿cómo viven los futbolistas y entrenadores el periodismo futbolístico?

Ángel: Con indiferencia en un sentido, pero también con temor, porque saben el poder que, lamentablemente, tienen. Indiferencia, porque se dan cuenta de que, en general, hablan sin saber. No entienden casi nada o nada de fútbol y entonces pierden el respeto o la consideración que en otras épocas solían tener los periodistas hacia ellos. No obstante, tienen que cuidarse, porque manipulan la opinión de mucha gente y pueden exponerlos a situaciones complicadas. Por otra parte, no sé por qué razón gritan tanto y hablan tan rápido. Tal vez crean que eso es ritmo. Claro que, si recordamos que forman parte del periodismo en general, es lógico que les interese más el ruido que el contenido.

Marcos: Ya que hablamos de fútbol y política. Hay futbolistas que se han significado políticamente. Pero mientras que quien lo hace desde la izquierda sufre el rechazo, incluso deja de ser convocado a su selección o directamente su carrera se trasforma en un infierno, quien lo hace desde la derecha es aplaudido. Para ti, desde la izquierda, ¿cómo vives esta realidad? ¿Te han censurado?

Ángel: No, no me censuraron y siempre dije lo que pienso. Pero entiendo que, si algún deportista, no sólo futbolista, contradice el pensamiento dominante, se agrega un problema más y trata de evitarlo. Mirá Piqué, por ejemplo, sólo por apoyar que los catalanes pudieran votar el 1 de octubre, todo lo que tuvo que soportar. En cambio, hay otros que expresan sus pensamientos de derecha y hasta de extrema derecha, y no pasa nada. Yo sólo tengo una anécdota personal de cuando estuve en el Madrid. Me preguntaron si yo pensaba que Felipe González sabía lo del GAL. Dije que sí, por supuesto, cómo no lo iba a saber. Entonces alguien de los dirigentes del Madrid, nunca supe quién porque no me lo dijeron, mandó a decirme que tenía que abstenerme de opiniones políticas. Les contesté que mi opinión era libre y a título exclusivamente personal. Y ahí quedó la cosa.

Marcos: En un libro de entrevistas donde conversas con entrenadores y futbolistas, *Hagan juego*[1], le hiciste a Fernando Redondo la siguiente pregunta: «¿Nos robaron el centrojás?». ¿Cuál es su significado? ¿Realmente nos lo robaron?

Ángel: Es el medio centro, en inglés *centre half*, y como en Argentina se usaban las palabras en inglés pero «argentinizadas», le decíamos centrojás... *(risas)*. Era y es, en realidad, el organizador, el que distribuye el juego. Busquets, por ponerte un ejem-

---

[1] TEA, 2009.

plo y de los mejores. Estaba de moda poner dos en vez de uno, con el fin de protegerse más. Y lo que se lograba era anular esa función muy importante de jugar bien. Es el vértice de las jugadas de ataque, como bien decía Redondo y también el que ayuda a los centrales cuando toca defender.

Marcos: Y ¿cuál crees que será la evolución del fútbol si lo que prevalece es el negocio y el desprecio hacia el juego?

Ángel: Creo que el negocio lo transformará casi totalmente. Lo convertirá en otra cosa. No sé cuál, pero distinta de lo que fue. Si no hay una resistencia de parte de los aficionados, de los jugadores, de los entrenadores, una voluntad firme de defender el juego, la cosa irá a peor. Ya estamos asistiendo a un fútbol mecanizado en gran parte, sometido a la tecnología, a los números. Cosas que no tienen nada que ver con el juego, que es un hecho cultural. Para colmo, a toda esa transformación perjudicial le dan el carácter de moderno, como si moderno fuera sinónimo de bueno. Por último, estoy convencido de que, para salvar el fútbol, hay que luchar por una sociedad mejor. No puede haber un fútbol ajeno a los valores capitalistas en una sociedad capitalista.

Ángel: Marcos, con el libro terminado, ahora nos sobreviene la guerra en Ucrania. Sin ser superficiales, creo que deberíamos, al menos, responder a un par de interrogantes sobre el origen del conflicto, el papel de Europa, la OTAN. Y algo que me llama la atención, si querés comienzas por responderme, ¿cómo es posible que Pedro Sánchez anuncie un lunes que España no enviará armas a Ucrania y el martes diga lo contrario?

Marcos: Me parece perfecto. De inicio podemos afirmar: España pertenece a la OTAN. Y, por si fuera poco, su tecnología militar, en gran parte, es proporcionada por Estados Unidos. El resultado: Estados Unidos sigue controlando, bajo supervisión, la potencia de fuego de España y, sin temor a equivocarme, en gran parte la formación ideológica y geopolítica de sus mandos. Por otro lado, en el terreno de la seguridad estratégica y hemisférica su papel es de segundo orden; un aliado al cual se trata con desprecio a la hora de implementar la actuación regional en casos de conflicto. Si por un casual España, no importa quién gobierne, muestra un atisbo de autonomía, Estados Unidos llama al orden. Cuando Pedro Sánchez anunció que no enviaría armas a Ucrania, recibe una reprimenda que le obliga a rectificar, desnudando las vergüenzas de una política exterior de seguridad en manos de Estados Unidos. Ahora bien, Sánchez pareció olvidar dicha premisa básica. Antes de tomar decisiones, consultar con Estados Unidos. Si hacemos memoria, Felipe González cambió su discurso nada más llegar al Gobierno, 1982; de presentarse como un mediador en la crisis centroamericana, declaró, tras entrevistarse con el exembajador estadounidense, nombrado en 1983, y exsecretario de Estado adjunto para América Latina Thomas Enders que «España no tomará ninguna decisión sobre Centroamérica sin antes consultar con Estados Unidos». Y no menos transparente ha sido José María Aznar al manifestar que España debería ser el garante de la seguridad de Estados Unidos en América Latina.

ÁNGEL: Bueno, y en esta guerra y en este panorama que describes, ¿qué papel desempeñan la OTAN y Europa?

MARCOS: Europa es un aliado de Estados Unidos, no debemos olvidar que su fundación fue una propuesta estadounidense para enfrentarse a la URSS en lo que fue la Guerra Fría, y Europa estaba literalmente destruida. Y por primera vez en la historia de Occidente, el eje del poder se trasladaba del Viejo Continente al Nuevo Mundo. Estados Unidos se convirtió en la potencia hegemónica. Europa quedó en sus manos. ¿Si no, cómo explicar el Plan Marshall? Y en materia de defensa y seguridad perdió toda capacidad de autonomía. Tras el fin de la Guerra Fría, pareciera ser que su continuidad no tenía razón de ser, sobre todo una vez disuelto el Pacto de Varsovia. Pero Estados Unidos decidió potenciar la organización, expandiendo su poder a los ex países comunistas. En parte, aquí radica la raíz del conflicto ruso-ucraniano. Tal vez hubiese sido el momento de crear una fuerza europea, sin Estados Unidos y Canadá. Sin embargo, Estados Unidos decidió impulsar la OTAN incorporando a los viejos aliados de la URSS: Chequia, Hungría y Polonia en 1999; Bulgaria, Rumanía, Eslovaquia, Eslovenia, Estonia, Letonia y Lituania en 2004; Croacia y Albania en 2009; Montenegro en 2017, y Macedonia del Norte en 2020. Con esta perspectiva, muchos estrategas estadounidenses alertaron del peligro de expandir la OTAN. En un artículo publicado en *La Jornada* de México, por David Brooks, cuyo titular era significativo: «EU y Europa ignoraron advertencias de expertos sobre conflicto con Rusia», se señalaba que George Kennan, uno de los padres fundadores de la Guerra Fría, en 1997, había escrito en el *New York Times* que «ampliar la OTAN sería un error más que fatídico de la política estadounidense en toda la era de pos Guerra Fría. [Hacerlo] puede encender las tendencias nacionalistas y militaristas de Rusia, y no hay necesidad de expandir la OTAN». Henry Kissinger, en esta misma dirección, señaló en 2014 al *Washington Post* su oposición al ingreso de Ucrania en la OTAN, aconsejando a la Casa Blanca «evitar tratar a Rusia como un ente aberrante al cual se le tiene que enseñar reglas de conducta establecidas por Washington». Y el actual jefe de la CIA de la Administración Joe Biden, William Burns, en 2019, advirtió que «invitar a Ucrania a la OTAN se percibe por toda la gama política de Rusia como nada menos que un reto directo a los intereses rusos». Esa es la triste realidad. Podemos seguir, Zbigniew Brzeinski, uno de los más destacados estrategas de la política exterior estadounidense, consejero de Seguridad Nacional con James Carter, apuntó en 2014 que la mejor opción para evitar una guerra ruso-ucraniana sería un estatus similar al que tiene Finlandia con Rusia, mantener una equidistancia, relaciones con Rusia y Europa Occidental, pero sin participar en la OTAN. Lamentablemente, sus análisis fueron desestimados. Hoy pagamos las consecuencias de una política belicista, expansionista de la OTAN e imperialista de Estados Unidos, iniciada con el golpe de Estado en Ucrania de 2014. Ese fue el punto de inflexión. Rusia entendió dicho golpe como una amenaza en puertas. Occidente, la OTAN y Estados Unidos vieron una puerta de entrada para aumentar su poder en la región.

Ángel: En esta guerra, los medios y las redes sociales desempeñan un papel muy importante, ¿no te parece?

Marcos: En esta guerra, como en todas, lo que recibimos no es información, es propaganda. El encuadre político, las imágenes, los relatos de enviados especiales, las agencias de prensa, forman parte del poder de fuego. Están alineados y sólo emiten en una dirección, el bando al cual pertenecen. Eso es así. Se encuadran en la guerra psicológica: controlar la moral de la población y las tropas amigas y desanimar a la población enemiga. No hay libertad de información. Todo lo que recibimos debemos tamizarlo, reflexionarlo, preguntarnos las fuentes, más ahora, en tiempos de la posverdad y las falsas noticias. Y aquí las nuevas tecnologías desempeñan un papel destacado. En España, país de la OTAN y comprometido con el Gobierno de Zelenski, la información es más bien desinformación. Hay un control de los servicios de inteligencia sobre partes militares, bajas, deserciones, bombardeos, toda esa información está depurada y censurada. Esa ha sido la causa para impedir el uso de los satélites a las agencias rusas de noticias en Occidente. Se las invisibiliza y cierra el espacio. Rusia sólo existe, informativamente, si las noticias son proporcionadas por CNN, BBC, EFE, etc. Hay que ocultar hechos, borrar la historia, resaltar la crueldad de los invasores, seleccionar imágenes de madres llorando, jóvenes ucranianos resistiendo, tanques rusos ardiendo, niños de mirada triste, grandes marchas de emigrantes en las fronteras. Todo sirve si se trata de ganar la batalla de la desinformación. En otras palabras, anular la capacidad de comprensión de la opinión pública, mediante la instrumentalización de las emociones. El dolor, el miedo, son emociones fáciles de manipular. Es una guerra y en ella no hay espacio para la verdad, la información y menos para la reflexión. Si lo trasladamos a lo cotidiano, Putin en un psicópata y cualquier tipo de explicación para la guerra te convierte en enemigo pro-Putin. Pero ni tanto ni tan poco. Ni Putin es un diablo ni Zelenski un santo. Ucrania es utilizada por Occidente para sus intereses, alterar el equilibrio de poder. La propaganda de guerra nos debe recordar la Segunda Guerra del Golfo y la gran mentira que la justificó: la existencia de las armas de destrucción masiva. Más tarde se supo que había sido todo un montaje de la CIA, el Pentágono y la Casa Blanca. Pero nadie se hizo responsable. Ni Bush ni Aznar ni Blair, el famoso trío de las Azores. Hoy se sigue el mismo guion en esta guerra. Joe Biden, los mandos de la OTAN y los Gobiernos de la Unión Europea ya hablan del uso por parte de Rusia de armas químicas y biológicas. ¿Cuánto hay de verdad? Así actúan los servicios de inteligencia. En esta estrategia la historia se manipula, se desvanece en proclamas y se bloquea toda información que ponga en duda el discurso oficial. Censura, presiones, descalificaciones, acusaciones de espionaje, todo vale para justificar la mentira sobre la cual se presenta la guerra rusoucraniana desde Occidente. Mira, Ángel, en Ucrania están instalados 30 laboratorios de guerra biológica, en los cuales se investiga con patógenos letales, ántrax, peste, tularemia –enfermedad que ataca la piel, los ojos, los ganglios linfáticos y los pulmones– y cólera, entre otros. Fíjate que el portavoz de la Cancillería china, Zhao Lijian, pidió a la Administración Biden que explique sus actividades biomilitares en Ucrania.

Ángel: Un panorama desolador. Marcos, ¿cómo piensas que será el escenario mundial a partir del fin de la guerra? ¿Habrá una nueva configuración geopolítica en el mundo?

Marcos: Esta guerra está en sus inicios. Pero los analistas sugieren que efectivamente se producirá un cambio en la llamada balanza de poder. Rusia está muy debilitada, su acción no responde a una fuerza pujante, más bien a un país en retroceso que actúa defensivamente. En un artículo publicado en el portal *La Haine* y escrito por Stansfield Smith se observa el papel secundario que representa Rusia en la división internacional del mercado, la producción y los capitales. Según señala, *Forbes* enumeró las 2.000 corporaciones más importantes según sus ventas, ganancias, activos y valor de mercado y «de las 10 empresas principales, 5 son chinas y 5 estadounidenses. China alberga 291 empresas del Global 2.000. EEUU está a la cabeza con 560. Canadá tiene 50, Australia 39, India 58. Rusia tiene sólo 4 en el top 100, en los puestos 43, 47, 73 y 98. Tiene sólo 6 en el top 500 y 25 en el top 2.000. Su participación corporativa total muestra una ligera disminución [...] Las 2.000 empresas de esta lista representan 39,1 billones de dólares en ventas, 3,2 billones de dólares en beneficios, 189 billones de dólares en activos y 56,8 billones de dólares en valor de mercado. Las ventas de las 25 corporaciones de Rusia suman 568 millones de dólares, sólo el 1,45 por 100 del total. Sus activos colectivos ascienden a 1.757,3 mil millones de dólares, lo que representa poco menos del 1 por 100 del total. Entre los monopolios internacionales, Rusia es un actor muy secundario». Su fuerza radica en el arsenal nuclear. Ha perdido gran parte del protagonismo internacional. Su tasa de productividad laboral es la más baja de los países europeos, sobre el 26 por 100, y la tasa media en la UE es del 53,4 por 100. Y si nos referimos al papel que desempeña en la producción de productos manufacturados, «Rusia ocupó el puesto 15, detrás de India, Taiwán, México y Brasil. China ocupó el primer lugar con el 20 por 100 de la producción mundial y EEUU el segundo [...] con el 18 por 100». El informe termina con una afirmación demoledora: «las importaciones (y las exportaciones) rusas no encajan en el patrón de un Estado imperialista, sino más bien en el de un Estado semidesarrollado del tercer mundo, que exporta principalmente materias primas y depende de la importación extranjera de bienes avanzados». Creo que el objetivo final de esta guerra lanzada en los despachos de la OTAN y el Pentágono destapa otro actor: el miedo de Occidente a China. No resulta casual que Estados Unidos y la Unión Europea pidan a China que se descuelgue de apoyar a Rusia. En ese sentido, la posible paz de posguerra buscará frenar el avance de China en Occidente y su influencia en América Latina y África. Pero, sin duda, el mundo no será igual. Estamos en presencia de un cambio en las lógicas de poder. Estados Unidos no quiere perder su posición hegemónica en Occidente, hará lo posible por evitar su caída. Pero eso nos ubica al borde de una confrontación mundial. El futuro no es halagüeño.

Ángel: Para concluir, has escrito un artículo en *La Jornada* señalando que Ucrania es el chivo expiatorio de Occidente. ¿Podrías resumir tu posición?

Marcos: Debemos señalar, para el lector, que el libro estaba listo para imprenta en diciembre de 2021. La guerra ruso-ucraniana, dado que hablamos de política y fútbol, nos obliga, por compromiso, a afrontar el problema sin ambages. Y dejando claro que ni Putin ni Zelenski; ni la OTAN ni la guerra. En cuanto a tu pregunta, traté de explicar cómo Occidente expía sus culpas cada cierto tiempo derramando la sangre para justificar sus crímenes de lesa humanidad cometidos durante cinco siglos. De sus entrañas nació un orden maniqueo con pretensiones de imponer su visión del mundo a todo el planeta. Civilización o barbarie. Su historia ha despreciado Oriente, las culturas milenarias, Asia, África y América Latina (para su relato no han existido, salvo como un momento de gloria al proclamar la superioridad racial, religiosa, moral, sintetizada en su sed de conquista). Sobre los pueblos conquistados impuso la esclavitud y practicó el etnocidio y genocidio. Así fue parida la modernidad. Millones son los seres humanos víctimas de su prepotencia, sus ansias de dominación totalitaria, encubiertas bajo la idea de progreso, propiedad privada, libertad individual y moral católica. En Occidente el chivo expiatorio reaparece y se encarna en las cámaras de gas, las armas químicas, biológicas, nucleares o cibernéticas. Occidente no busca la paz, busca la victoria, someter al diferente, y sólo conoce una razón para lograrlo: la guerra de conquista. Zygmunt Bauman, en su obra cumbre *Modernidad y holocausto*[2], subraya: «La civilización moderna no fue condición suficiente del holocausto, pero si fue, con seguridad, condición necesaria. Sin ella, el holocausto sería impensable. Fue el mundo racional de la civilización moderna el que hizo que el holocausto pudiese concebirse [...] El holocausto no fue un arranque irracional de aquellos residuos –todavía no erradicados– de la barbarie premoderna. Fue el inquilino legítimo de la casa de la modernidad; un inquilino que no se hubiese sentido cómodo en ningún otro edificio». Hoy Occidente y su portavoz, Estados Unidos, se sienten cómodos con la guerra en Ucrania. El sufrimiento de unos es la justificación de la violencia sobre otros.

ÁNGEL: ¿Entonces estamos ante un nuevo holocausto?

MARCOS: Occidente utiliza a Ucrania a sabiendas de que ha sido él el responsable de la guerra. No nos engañemos, la sangre de las víctimas ucranianas lava la sangre de las otras guerras «civilizatorias». La política de brazos abiertos a los ucranianos desplazados por la guerra, la solidaridad de ciudadanos del mundo, es parte del mito del chivo expiatorio. Enviar víveres, medicamentos, mantas, atender a los refugiados, poner en tensión a los organismos internacionales como Cruz Roja, Médicos sin Fronteras, hasta los bancos se han mostrado solidarios abriendo cuentas para enviar alimentos, agua, etc. Asimismo, las ONG redoblan los esfuerzos. No hay que buscar más explicaciones. Ucrania es la excusa que tapar sus vergüenzas. Los ucranianos, es triste decirlo, importan poco, son las víctimas propicias de una política de guerra y expansionista de Occidente, la OTAN y su complejo industrial militar, tecnológico y financiero. Mientras tanto, desde el poder se ejerce la necropolítica, se envían armas y se declama ¡es la guerra!

ÁNGEL: Así sólo puede emerger odio.

MARCOS: Efectivamente, asistimos a una guerra levantada sobre una mentira, y no por ello no deja de ser real, dolorosa e inhu-

---

[2] Madrid, Sequitur, 2010.

mana. Occidente llama a matar a rusos. Hay que expulsarlos de cuanta organización internacional sea posible. Estudiantes rusos son «invitados» a dejar las universidades europeas como parte de las sanciones. Asimismo, ciudadanos rusos sufren en carne propia el odio de quienes hasta ayer eran sus amigos. Deportistas, actores, no importa, en su condición de rusos pasan a ser criminales, bárbaros, escoria, oligarcas, violadores, en definitiva, asesinos de ucranianos. No hay distinción, Putin es ruso, los rusos son Putin, todos son enemigos de Occidente. Así procede Occidente. Y por el otro lado, muestra su cara amable. Recibe a los ucranianos desplazados, concediendo tarjetas de residencia, permisos de trabajo, estatuto de refugiado e incluso subvenciona a quienes deseen alojar a una familia ucraniana en su domicilio. Su solidaridad es infinitiva. Pero, al tiempo, discrimina y cierra las puertas a los africanos, latinos y los inmigrantes que llaman a su puerta desde hace décadas. Estos son criminalizados, se los considera indocumentados, sin papeles, sin identidad. ¿Cómo se sentirán ahora al ver cómo se los arrincona, posterga o directamente se los expulsa? Esta doble moral no reconoce como suyos a los muertos, ahogados en las pateras en el Mediterráneo, ni a los cientos que ven peligrar sus vidas cuando se les niega el asilo. Tampoco a las mujeres esclavizadas y prostituidas provenientes de los países del Este, América Latina, Asia o África, controladas por mafias en la Europa casta y pura de la OTAN. Mientras esperan ser deportados, son afinados en centros de internamiento. Pero para expiar culpas, nos llaman a exterminar a rusos. Esa es la verdad de esta guerra de Occidente en sus ansias de dominar el mundo.

A MODO DE EPÍLOGO

—Creo que me he perdido algo importante, al no gustarme el fútbol –le escuché a Alicia Gómez Montano, cuando dirigía *Informe Semanal*.
Con aire incrédulo, Alicia observaba cómo varios de sus redactores, entre bromas y veras, discutíamos apasionadamente sobre algunos lances del último *derby*.
—Se ve que no he sabido entenderlo –insistió–. Y ahora, escuchándoos debatir con tanta pasión, siento cierta envidia.
Alicia, la mejor de cuantos directores ha tenido el veterano programa de TVE, era una mujer con gran cultura, progresista, feminista, que hacía un periodismo comprometido. Y, sin embargo, no logró superar los prejuicios compartidos por buena parte de la izquierda española sobre el deporte/espectáculo más popular. Finalmente, al cabo de muchos años escuchando y repitiendo mecánicamente todos los clichés de «pan y circo», «el otro opio del pueblo», «11 señores en calzoncillos corriendo detrás de un balón» e incluso que el Real Madrid había sido «el mejor embajador del franquismo», Alicia acabó desarrollando fundadas sospechas de que el fútbol es *algo más*, mucho más de lo que afirmaban tantas monsergas políticas. Incluso llegó a encargarme –en vez de recurrir a un redactor del área de Deportes– algún reportaje de temas futbolísticos, como el primer *triplete* ganado por el Barcelona de Messi (y, para no escribir una verdad a medias, de Iniesta, Xavi y Pujol), considerándolos asuntos de *interés nacional*.
—Una cosa que me desagrada de muchos intelectuales es el desprecio que han tenido por el fútbol, quizá más en nuestro país por la relación que la dictadura estableció con el deporte –decía Santiago Segurola–. Me parece que, cuando no se interesan por

algo tan importante para la vida cotidiana como es el fútbol, se están equivocando.

Como mi querida Alicia, mucha gente de izquierdas no ha comprendido que el Barça no sólo es «más que un club» para los catalanes, sino que también despierta pasiones en lugares muy distintos de España y del mundo entero. Ni que muchos viejos rojos hubiéramos aplaudido cada vez que un capitán del Real Madrid recogía la Copa del Generalísimo, sin que ello significara disminuir nuestro rechazo y repugnancia por la figura criminal del tirano de voz aflautada. Tampoco debió ser un plato de gusto para la mayoría de los seguidores entusiastas del Athletic de Bilbao –que siempre ha hecho gala de esencias vascas– que su equipo recibiera trofeos de manos de quien persiguió a muerte al nacionalismo euskaldún. No lo fue para ningún amante del fútbol contrario a la opresión y partidario de la tolerancia. Pero tragarse la omnipresencia de Franco –en los estadios como en las monedas o en el NO-DO– fue parte del enorme precio que durante cuatro décadas hubo que pagar por una derrota histórica a manos del fascismo.

—A veces el fútbol tiene una periferia de muy dudosa catadura, y llevo muy mal el aprovechamiento político de lo que hace un grupo de futbolistas, cada uno de los cuales es de un lugar diferente –precisa el maestro Julio César Iglesias–. La identificación de un equipo con una idea nacionalista, cuando estamos hablando de un fútbol mestizo con todas las procedencias, sencillamente es un sofisma. Y, además, algo venenoso.

En todo caso, el largo y oscuro periodo histórico del franquismo nos obligó a diferenciar churras y merinas futboleras: personas y personajes, entidades e instituciones, símbolos manipulados y significaciones auténticas, imposiciones y sentimientos, pertenecientes al mundo cada vez más complejo del fútbol. Tuvimos que aprender a abstraernos, para preservar nuestras pasiones personales. Y lo hicimos con éxito. Ahora, superada hace tiempo aquella época siniestra, hay que seguir haciéndolo. De otro modo, menos crudo y amargo, pero aplicando lo que aprendimos para aislarnos de cuanto ensucia el fútbol y amenaza con desvirtuar la ilusión con que lo vivimos. Tenemos que separar nuestra identificación con unos colores de las turbiedades que rodean al club de nuestros amores: mercantilización, intereses ajenos, tipos deleznables, utilizaciones espurias, reflejo de contravalores, etcétera. Y rechazar ese entorno repugnante, que extiende sus dominios desde el negocio con un deporte convertido en espectáculo universal hasta el tráfico de influencias. Un mundillo apestoso, aunque se camufle con perfumes caros, en el que se mueven los jugadores, disfrazados de ídolos pero considerados mercancía, que se enfrentan en edades inmaduras a múltiples mecanismos que tratan de alienarlos como personas, siempre asediados por comerciantes y cazadoras de fortuna. ¿Tenemos que mirar también a otro lado, y desentendernos de ellos cuando están fuera del terreno de juego? Muchas veces, trabajando juntos en RNE, oí a Julio César Iglesias repetir que no le importa «si le huelen los pies a tal o cual futbolista», ni entiende que le reprochen si lleva pulseras o cuáles son sus gustos personales:

—Lo único que me interesa de sus vidas son dos horas de los días que juegan un partido. Porque eso contribuye a alegrarme esa jornada, a hacerme más feliz. Lo que sí me afecta es notar que actúan mediatizados por abrumadoras instrucciones de los entrenadores, por rutinas que mecanizan y limitan su talento.

Reconozco que me gustaría que los futbolistas que admiro fueran de otra forma. Pero también me abstraigo. No los quiero para hablar con ellos. (No podría hacerlo con algunos de ellos, igual que me ha costado permanecer en el palco del Bernabéu entre tanto personaje que no acude precisamente a disfrutar el fútbol.) Simplemente, me río cuando oigo decir de alguien que «está más solo que un libro en casa de Sergio Ramos». Y admiro a los futbolistas cultos y con la cabeza bien amueblada, que también los hay. En definitiva, lo único que me resulta trascendente es que Modric filtre un pase con el exterior del pie, que Benzema urda una diablura, que Kroos coloque el balón en un hueco imaginado a cincuenta metros. Pero tampoco puedo –ni quiero– evitar el recuerdo de don Alfredo di Stéfano, el mejor jugador de la Historia. (Sí: el mejor. A ningún otro he visto dirigir la orquesta como él; ni cortar un avance contrario en el área propia, como central, para sacar el balón jugado, construir y distribuir como medio centro, y finalmente rematar como nueve... tras haberse adornado con fintas, amagues, bicicletas, molinetes, etcétera. Y todo ello echándose el equipo a la espalda, empujándolo a no claudicar de un juego generoso, hermoso, noble... o de izquierdas, como podría decir Ángel Cappa.) Porque el mejor jugador de la Historia nunca fue un millonario petulante. Su inmenso talento le valió para vivir bien, pero sin poder presumir de una colección de coches deportivos, ni de yates o de aviones privados. La Saeta se enorgullecía de haber llegado a comprarse una buena casa en Madrid, en cuyo jardín levantó un modesto monumento a la pelota con el rótulo de «gracias, vieja». Corrían otros tiempos, sí. Pero en estos hay que *resistir* (es la palabra que emplea Ernesto Sábato) para mantener unos valores éticos esenciales que están en peligro de desaparición.

En política me pasa algo parecido. La sigo con pasión y la nariz tapada, porque abstraerse sería reaccionario, además de imposible, en una materia con repercusiones tan profundas. Mantener firmes convicciones de lo que deberían ser nuestra sociedad y el mundo no está reñido con la insuperable amargura del desengaño, de las decepciones repetidas, hasta acabar aprendiendo con mucho esfuerzo –como Machado– a no creer en nada. Ni en nadie.

Jean Ziegler explicó (en *¡Viva el poder! Crítica de la razón de Estado*[1]) que los partidos de izquierda concurren a elecciones, las ganan y forman Gobiernos con el propósito de transformar la sociedad; pero las estructuras del Estado tienen mucha más fuerza que las partidarias, y los aparatos del poder, con sus infinitos recursos y prebendas, acaban transformando a los políticos que soñaban con cambiarlos. Ziegler ponía como ejemplo de ello la política del Gobierno francés encabezado por Mitterrand, entre cuyas renun-

---

[1] Madrid, Iepala, 1987.

cias destacó la cuestión neocolonial. Siempre supimos qué iba a ocurrir si la izquierda española se agrupaba y llegaba al Palacio de la Moncloa. Lo que no sospeché es que Pablo Iglesias ignorase que *estar en el Gobierno no significa tener el poder*, como acabó confesando que había comprendido, con estupefacción y cierta amargura. Stéphane Hessel ya se lo temía cuando, a finales de 2010, llamó a la indignación y sembró el movimiento del 15-M. Se transparentaba en la prédica moral que fue su manifiesto. Parece que, frente al cinismo del viejo PSOE, las gentes de la izquierda más joven acabasen de descubrir el terreno que pisan y constatasen su propia impotencia, comprobando que una *revolución* –por limitados que sean sus enunciados puntuales– no puede ser únicamente fruto de actos administrativos. Y que no basta con controlar el Boletín Oficial del Estado para poner coto a las prebendas de quienes gobiernan, desde las grandes corporaciones económicas, a los que gobiernan por mayoría parlamentaria, mientras la exigencia de cambios se desvanece en las calles y se reduce a las instituciones.

La desilusión –el descubrimiento de que una ambición es ilusoria– requiere apretar los puños antes de volver a la carga. Para ese periodo de curación queda el refugio de las pasiones personales. Y en su espacio radica el fútbol. Eduardo Sacheri sentenció –en una novela que luego, de la mano de Campanella, se hizo cine con *El secreto de sus ojos*– que cambiamos de pareja, alteramos nuestras expectativas vitales, perdemos la fe o trastocamos nuestro voto, pero nuestra fidelidad futbolística continúa inmodificable. Nos divorciaremos, nos convertiremos a otra fe o perderemos el gusto por un hábito arraigado, pero seguiremos siendo *merengues, colchoneros* o *xeneizes*. Por eso, el fútbol es mucho más que una distracción. Supone la reafirmación de un sentimiento íntimo, mediante el simple consuelo de un buen partido, de un puñado de jugadas con aroma de imaginación y libertad, de hora y media de emociones, sin más cicaterías ni dureza que las inevitables, pese a la molesta vigilancia del hermano mayor del VAR, pese a sospechas y evidencias de intereses ajenos, pese a manipulaciones, pese a las intrigas de FEF, UEFA, FIFA, pese a corrupciones como la de Catar, pese a todos los pesares.

Además el fútbol derriba fronteras, favorece la empatía y anestesia pesadumbres. Recuerdo a un puñado de misioneros españoles en el infierno del genocidio ruandés, reunidos ante un televisor en una sala parroquial de Kigali para seguir un partido de España, sin saber qué es un *off side*. Y al humilde público de la aldea de Mangola –en la zona más empobrecida de Tanzania– que nos hizo un hueco de honor «para madridistas» en los primeros bancos de la choza a la que fuimos a ver un partido de la Champions. Y al vigilante nocturno del hotel de Phnom Penh, que se sabía de corrido la alineación merengue de la noche. Y al jefe de Policía de Agadez, punto clave en ruta de los emigrantes en el corazón de Níger, que liberó al equipo de *Informe Semanal* de la detención en comisaría tras una hora de acaloradas discusiones... sobre qué entrenador sería el más adecuado para el Bernabéu. Y al recepcionista del Gran Hotel de Pristina, saturado de huéspedes durante los combates en Kosovo –con muchos periodistas durmiendo en el suelo de su *hall*–, que nos facilitó habitaciones cuando me hice pasar por amigo de Mijatović. Y a tantos otros.

Pero el momento en que acabé de entender el significado más profundo del fútbol fue durante el sangriento conflicto de los Balcanes, en diciembre de 1996, cuando organicé un viaje a Bosnia del equipo de Tres Cantos en que militaba mi hijo Miguel, para jugar un «torneo por la paz» con conjuntos de niños de las tres comunidades enfrentadas. Críos de doce años, hijos de familias serbias, croatas y bosnias, desplazadas por la guerra, disputaron cada partido como si representaran a sus países, con el mismo orgullo, en los momentos más difíciles y decisivos de su existencia nacional. Un destacamento de la Legión bajo bandera de la OTAN, con un pequeño despliegue de blindados, escoltaba al Tres Cantos. Y al final de un encuentro, que decidimos perder sin que se notara para que vencieran quienes realmente lo necesitaban, los niños se reunieron en el vestuario común. Bajo la única bombilla que iluminaba la estancia, los balcánicos pidieron hablar. Y, uno tras otro, narraron sus sufrimientos. Uno explicó cómo mataron a su padre frente a toda la familia. Otro, cómo fueron expulsados de su hogar a punta de pistola... En uno de los silencios densos que se produjeron, nuestro portero me preguntó si podía regalarle sus guantes al arquero contrario. Entonces, todos empezaron a quitarse el equipamiento, a cederlo a sus rivales de la noche y a abrazarse a ellos. Lloramos niños y adultos, formando una piña inolvidable. Nos había unido el fútbol.

Vicente Romero

ÍNDICE

Invitados de excepción I. La música del fútbol, por
César Menotti 5
   El negocio no sabe de romanticismos 6
   Fútbol sin ilusión 7
   Cada cultura un estilo 7
   A modo de conclusión 8

Invitados de excepción II. Pintar la cancha con la belleza
del juego, por Vanessa Pérez Gordillo 9

Presentación de los jugadores 15
   I. La izquierda entra en juego 21
   II. Comienza el partido 51
   III. Tarjeta roja al capitalismo 71
   IV. La propiedad privada se presenta a la afición 85
   V. La afición llena el campo 107
   VI. Una alimentación no apta para futbolistas 119
   VII. Los empresarios privatizan el juego 131
   VIII. El neoliberalismo está en el palco 147
   IX. El balón tiene la palabra 167
   X. El pospartido: ¿y ahora qué? 189

A modo de epílogo, por Vicente Romero 207